As Se7e Linhas de UMBANDA

A Religião dos Mistérios

Rubens Saraceni

As 7e Linhas de UMBANDA

A Religião dos Mistérios

© 2025, Madras Editora Ltda.

Editor:
Wagner Veneziani Costa *(in memoriam)*

Produção e Capa:
Equipe Técnica Madras

Revisão:
Vera Lúcia Quintanilha
Arlete Genari

**Dados Internacionais de Catalogação na Publicação (CIP)
(Câmara Brasileira do Livro, SP, Brasil)**

Saraceni, Rubens,
As Sete Linhas de Umbanda: A Religião dos Mistérios / Rubens Saraceni. – 18. ed. – São Paulo : Madras, 2025.
ISBN 978-85-370-0363-3
1. Orixás 2.Umbanda (Culto) 3.Umbanda (Culto) -História I. Título
08-05222CDD-299.672
Índices para catálogo sistemático:
1. Umbanda : Teogonia: Religião 299.672

Proibida a reprodução total ou parcial desta obra, de qualquer forma ou por qualquer meio eletrônico, mecânico, inclusive por meio de processos xerográficos, incluindo ainda o uso da internet, sem a permissão expressa da Madras Editora, na pessoa de seu editor (Lei nº 9.610, de 19.2.98).

Todos os direitos desta edição reservados pela

MADRAS EDITORA LTDA.
Rua Paulo Gonçalves, 88 – Santana
CEP: 02403-020 – São Paulo/SP
Tel.: (11) 2281-5555 – (11) 98128-7754
www.madras.com.br

Dedicatória

*Dedico este livro ao Babalaô
Ronaldo Linares, meu pai de santo e
um exemplo a ser seguido por todos os
umbandistas.*

Índice

Os Orixás Sagrados da Umbanda 9
Umbanda Sagrada 11
O Setenário Sagrado 15
A Coroa Divina *(Telas Mentais Divinas)* 23
Orixás Ancestrais 49
   Tela Mental Cristalina – "Fé" 54
   Tela Mental Mineral – "Amor" 56
   Tela Mental Vegetal – "Conhecimento" 56
   Tela Mental Ígnea – "Justiça" 58
   Tela Mental Eólica – "Lei" 62
   Tela Mental Telúrica – "Evolução" 65
   Tela Mental Aquática – "Geração" 66
Olorum 66
Setenário Sagrado 67
A Coroa Regente do Planeta 67
As Telas Mentais Planetárias 67
Orixás Naturais 73
Orixás Dimensionais *(Regentes de Dimensões)* 77
Orixás Encantados *(Regentes de Reinos Naturais)* 87
Orixás Mistos ou Polielementais
(Regentes de Níveis Vibratórios) 99
Orixás Auxiliares ou Regentes de Subníveis Vibratórios 111
   Mistérios de Umbanda 117
   Mistérios: O que São e como Atuam em Nossa Vida 117

O Mistério Exu 120
A Dimensão Natural de Exu 126
Exus na Umbanda – Um Mistério de Deus
e um dos Fatores Divinos 129
Exu – O Guardião do Ponto de Força das Trevas 132
Exu Mirim 140
O Mistério Pombagira 140
As Linhas de Ação e Reação (de trabalho) na Umbanda 143
Os Guias de Lei de Umbanda 143
As Entidades que Atuam nas Linhas de Umbanda 146
Como Surgiram as Linhas de Trabalho
do Ritual de Umbanda Sagrada 149
O Mistério Caboclo 151
Os Baianos na Umbanda 152
A Linha dos Ciganos na Umbanda 153
Erês ou Ibejis 154
A Linha Espiritual dos Caboclos Boiadeiros 156
A Linha das Sereias 157
A Linha dos Marinheiros 158
A Linha dos Pretos-Velhos 159

Os Orixás Sagrados da Umbanda

Em função de minhas observações pessoais nos muitos encontros em que participo com irmãos, umbandistas ou não, senti a necessidade de compilar em um só livro todo um conhecimento distribuído em muitos livros a mim já inspirados pelos Mestres da Luz que me assistem, instruem, orientam e guiam nesse momento de minha vida.

A busca do conhecimento é inata no ser humano, e não poderia deixar de estar presente no Ritual de Umbanda Sagrada, todo voltado para os seres humanos.

Muitos irmãos de fé têm se dedicado a um ordenamento das linhas de ação e trabalho da Umbanda e aos estudos dos Orixás, trazendo para os médiuns muitos conhecimentos fundamentais para a compreensão desse maravilhoso ritual religioso. Como sou parte de um todo, que se expressa pelo meio material por meio de obras mediúnicas, a ele recorri para a compilação deste livro destinado a mostrar o lado oculto do Ritual de Umbanda Sagrada.

É certo que nem tudo pode ser revelado, mas dentro dos limites mais amplos que os já alcançados por outros irmãos, descortinarão todo o encanto dos senhores regentes naturais: os Orixás sagrados.

Não tentarei explicar o mistério divino dos Orixás a partir da visão ou da interpretação africana, a qual não conheço em sua totalidade, tampouco ao que outros umbandistas já escreveram, também nela fundamentados.

O volume de conhecimentos por mim já assimilado dos meus Mestres na Luz, e mais os que aqui incorporarão, farão deste livro um referencial a todos que desejarem conhecer o Mistério dos "Orixás" exatamente como são: mistérios da natureza e regentes da criação.

Eu comecei a conhecê-los quando me iniciei no mistério das Sete Linhas de Umbanda Sagrada, e desde então tenho tido uma visão diferente do mistério dos "Orixás", o que, às vezes, tem me levado a ser crítico quanto ao que tentam incorporar ao Ritual de Umbanda ou aos Orixás. Mas creio que mostrando-os parcialmente neste livro, os leitores também se tornarão críticos de muito que se escreve sobre eles, baseados unicamente no abstracionismo.

Leiam e releiam estes comentários a respeito dos Orixás, depois reflitam bastante acerca do que leram e, pouco a pouco, todo um novo universo regido pelos sagrados Orixás se mostrará à vocês.

Rubens Saraceni

Umbanda Sagrada

Ao contemplarmos o universo umbandista, temos visto uma segmentação do todo em que se constitui a Umbanda, que denominamos de natural, pois naturais são os sagrados Orixás, senhores da natureza.

Encontramos designações tais como: Umbanda astrológica, filosófica, analógica, numerológica, oculta, aberta, popular, iniciática, branca, esotérica, cabalística, sincrética, etc., mas, na verdade, e a bem da verdade, tudo são segmentações dentro da religião Umbandista, já que na sua origem estão os sagrados Orixás, senhores regentes da natureza.

Assim, dúvidas não restam a respeito da natureza divina dos Orixás, porque os encontramos tanto nos números quanto nos astros, tanto no exoterismo quanto no esoterismo, tanto na Umbanda branca quanto na popular (multicolorida).

Tudo é uma questão de tentar particularizar ou individualizar um todo acessível a todos: um, porque domina a ciência astrológica, cria as devidas correspondências dos Orixás com os astros e lança sua obra, que espera ser plenamente aceita como fonte de conhecimentos do mais alto nível. Mas ele não atenta para um detalhe: há cerca de cinco milênios, os caldeus já haviam feito isso, pois foram eles que criaram a religião astrológica ou astrologia religiosa.

Por outro lado, quando associam os Orixás aos números, estão recorrendo à cabala, na qual os números são associados às potências divinas.

Quando associam os Orixás aos santos católicos, ou anjos e arcanjos hebreus, estão repetindo o que os cristãos fizeram no início do Cristianismo, quando incorporaram divindades alheias e as sincretizaram como manifestações de potestades cristãs.

Quando criaram a Umbanda iniciática, quiseram se mostrar senhores de um profundo conhecimento que, na verdade, recolheram em sendas não umbandistas, já que incorporaram o conhecimento de outras sendas, adaptando-as à Umbanda.

Na Umbanda popular ainda insistem em apresentar como profano o que é **sagrado**, e vice-versa.

Enfim, se pararem para analisar os livros umbandistas, irão se deparar com esta verdade: os Orixás adaptam-se às concepções humanas, amoldando-se a elas e auxiliando a todos em suas evoluções.

Por que este mistério?

Ora, os Orixás são exatamente isso: mistérios!

Por mistérios entendamos as manifestações do Criador através de Si mesmo: a natureza.

Na natureza encontramos o ar, o fogo, a terra, a água, o vegetal, o mineral, o cristal, etc... Da natureza (da criação) as criaturas retiram tudo o que precisam para viver e evoluir. Da natureza vivemos também nós, os seres humanos.

Assim, se num nível material temos sete elementos formadores, além de muitos outros em menores quantidades, basta-nos isso para alcançarmos a origem dos Orixás sagrados: o Setenário Sagrado, formador da Coroa Divina que rege o nosso planeta.

O Setenário Sagrado é formado por essências, ou manifestações sublimadas do incriado Olorum. No Setenário Sagrado estão os fundamentos das tão misteriosas "Sete Linhas de Umbanda".

Eis as essências divinas formadoras do Setenário Sagrado:

1ª Essência cristalina..................Oxalá.............................Fé
2ª Essência mineral...................Oxum........................Amor
3ª Essência vegetal....................Oxóssi.........Conhecimento
4ª Essência ígnea ....Xangô....................Justiça
5ª Essência aérea ....Ogum ....Lei
6ª Essência telúrica ....Obaluaiê .... Evolução
7ª Essência aquática.................Iemanjá........ Geração (vida)

Temos aí sete essências, sete Orixás e sete sentidos da vida. Se relacionamos as sete essências com esses nomes de Orixás, bem poderíamos relacioná-las com outros nomes, e continuaríamos estando certos, pois essas essências são mistérios do Criador, assim como os Orixás sagrados.

Se identificamos Obaluaiê com a terra, no entanto, Ogum é tido como o senhor da agricultura em algumas regiões da África. Mas Xangô também ecoa nas montanhas e pedreiras, que são "terra". Por que esse mistério é tão difícil de desvendar?

A resposta é simples, irmãos amados: Orixás são mistérios da criação que se manifestam por meio da natureza, ou da criação, e discutir um mistério é dar início a uma discussão interminável, pois um mistério é o que é: uma manifestação divina que chega pela natureza, seja ela material, astral, ou de que tipo a entendamos.

Logo, isso explica tantas "umbandas" praticadas por aí, acolhendo criaturas, amparando-as e auxiliando-as em diversos momentos de suas vidas.

Assim, Ogum é o Guardião da Lei? Ótimo, pois Ogum também é sinônimo de lei.

Xangô é o senhor da justiça? Ótimo, pois Xangô também é sinônimo de justiça.

Para concluir, podemos dizer: Orixás são mistérios que facilmente se adaptam às concepções humanas de como eles devem ser vistos, compreendidos, entendidos e cultuados.

O Setenário Sagrado

"Com a permissão do amado "Li Mahi-AM-Seri-yê", mago regente da tradição natural".
Temos visto muitos comentários a respeito do Setenário Sagrado. Cada religião o interpreta segundo sua teogonia, na qual ele assume características as mais diversas, em acordo com as qualidades divinas que mais se identificam ou são identificadoras das divindades idealizadas como arquétipos ideais para o nível cultural e religioso de uma coletividade unida por afinidades em muitos sentidos.
Uns o simbolizam como os sete raios, outros como os sete sentidos, as sete virtudes, os sete dons naturais, os sete princípios, etc.
Todos estão certos, pois em todas essas classificações ele, o Setenário Sagrado, se encontra e por meio delas flui de alto a baixo.
Mas o estudo do Setenário nos leva até um nível onde o encontramos no estado original e o concebemos como as sete essências divinas.
São essências vivas que nos vivificam e nos fornecem energias puras que sustentam nossas concepções a respeito do Divino Criador.
O Setenário Sagrado não é uma "entidade" abstrata criada pelo homem. Não, ele existe; manifesta-se e nos alcança através dos muitos níveis vibratórios. Sua atuação processa-se de vários modos:

- vibrações mentais,
- vibrações sonoras,
- vibrações energéticas,
- vibrações magnéticas, etc.

As vibrações mentais despertam nos seres a necessidade de avançar (evoluir).

As vibrações sonoras despertam a necessidade de compreender os chamamentos divinos.

As vibrações energéticas estimulam os seres a moverem-se através dos sentidos.

As vibrações magnéticas atraem, direcionam ou redirecionam os seres nas sendas evolutivas.

Muitos outros modos de alcançar-nos ele possui, mas estes quatro já são suficientes para que possamos comentá-lo de forma compreensiva.

O Setenário Sagrado é a manifestação de Deus que nos chega através das essências originais:

- Essência cristalina;
- Essência mineral;
- Essência vegetal;
- Essência ígnea;
- Essência eólica;
- Essência telúrica;
- Essência aquática.

São essências e não temos nomes para elas. Apenas as qualificamos como são, e porque assim conseguimos classificá-las.

Recorremos a essa classificação porque nela tem-se fundamentado todas as teogonias, as cosmogonias e cosmogêneses arquitetadas pelos seres humanos para explicarem as qualidades, os atributos e as atribuições das divindades que os regem, tanto pelo alto como pelo embaixo.

Corretos estiveram e estarão quem recorrer às essências para explicar o aspecto divino de suas divindades, já que uma divindade que se manifesta aos homens é um ser celestial que atua dentro das hierarquias divinas, mas num nível compreensivo para nós, os seres humanos.

Costumamos, para explicar o Universo, recorrer a um exemplo bem simples e de fácil compreensão:

Os planetas são os canteiros floridos de um infinito jardim.
As divindades são os jardineiros que cuidam das flores (planetas).
As criaturas são a fauna que vive e se alimenta dos jardins (borboletas, formigas, insetos, larvas, etc.).
Os seres são as essências (flores) que os jardins fornecem ao Divino Criador.
Os jardineiros são as divindades que velam pelos planetas e cuidam para que as flores nunca pereçam, senão tanto as criaturas quanto os seres perecerão e ao Criador não retornarão as essências que Ele irradiou.
As criaturas são entidades cósmicas que, atuando em muitos níveis, ora atuam como protetores, ora como predadores das flores.
Em cada nível existem criaturas úteis e nocivas às plantas.
As úteis atuam como polinizadoras, fecundadoras, destruidoras de pragas, nitrogenadoras, oxigenadoras, etc.
As nocivas atuam como raladoras das plantas ou de suas folhagens, como destruidoras das pétalas, brocas nos caules, como larvas incrustadas nas raízes a exaurir as energias vitais das plantas.
Os seres são os aromas emanados pelas flores. Alguns nos são agradáveis, outros são desagradáveis e outros nos são alérgicos. Tudo depende das afinidades.
Nesse jardim celestial temos plantas altas, médias e baixas, tal como o Universo com as suas estrelas, seus planetas, satélites, etc., tudo multicolorido e em contínuo pulsar.
Logo, não numeramos os jardineiros, pois se infinito é o número de jardins, infinito é o número deles, que velam pela beleza das flores e pelo equilíbrio, tanto da flora quanto da fauna que vivem nos jardins.
Com isso estamos dizendo que uma rosa é a concretização de uma essência Divina (o amor), e existem jardineiros (divindades) que cuidam para que o amor nunca morra e, por meio de sua essência, muitos seres retornem ao Criador como essências vivas do amor Divino.
A fé é um lírio, e lírios essenciais da fé um dia serão colhidos por Deus, justamente das mãos de seus jardineiros Divinos (as divindades).

Com este exemplo simples, então podemos dizer que as divindades que cuidam das rosas são manipuladoras (semeadoras) do amor, e as que cuidam dos lírios são manipuladoras (semeadoras) da fé.

Mas há jardineiros que semeiam a justiça, a lei, o conhecimento, etc. E existem os que equilibram os jardins, senão só lírios (fé) ou só rosas (amor) serão colhidos e enviados ao Criador.

Também existem os que regulam a ação dos seres nocivos, senão eles se multiplicam de tal maneira que devastam tudo.

Então temos:

- os semeadores;
- os equilibradores;
- os vigilantes, etc.

Todos em perfeita harmonia e entrosamento, cuidando para que o jardim celestial cumpra com os objetivos do Divino Criador.

Deus fornece o solo (terra), a umidade (água), o calor (fogo), o oxigênio (ar), a fertilidade (minerais), as sementes (vegetais) e os processos genéticos (cristais).

Terra
Água
Fogo
Ar   } mais uma vez, em harmonia, o Setenário se mostra
Mineral
Vegetal
Cristalino

Não vamos, por enquanto, nomeá-lo já que é formado por essências divinas, e a única forma de conseguirmos classificar tais essências seria recorrendo ao modo como elas nos chegam ou como as sentimos em nós mesmos.

O fato é que as essências são vibrações divinas que nos chegam de muitas formas e em muitos graus vibratórios.

Assim, se numa época da civilização e da religião alguém nomeia uma das essências, pois "conheceu" o jardineiro que a manipulava (semeava), não tenham dúvidas: todos os outros jardineiros estavam juntos, mas invisíveis, pois do contrário a semeadura teria sido em vão.

Com isto indicamos como as cosmogonias são formadas: uma divindade semeia lírios (fé), outra semeia rosas (o amor), etc.

Há os jardineiros que equilibram as flores, os que cuidam da qualidade, os que cuidam das pragas, os que controlam a fauna, etc. Todos estão ativos.

Um jardim não é sustentado só pelo semeador!

Tem os que o irrigam, os que controlam a exposição das flores ao sol (luz) ou à lua (escuridão), os que cuidam das pragas, dos ataques das criaturas nocivas, etc.

Uma cosmogonia tem de ser completa, pois só assim uma religião (jardim) terá todas as divindades (os jardineiros) que a tornarão divina (essencial) aos seres humanos (essências a serem colhidas).

As divindades (os jardineiros), cada uma em seu nível e campo de ação, atuam no sentido de cuidar de todo o processo no qual as essências se concretizarão naturalmente e criarão todo um meio próprio para que os seres se sutilizem, de tal forma que se transformem em seres essências da criação.

Os jardineiros não são o Criador (Deus), mas tão somente jardineiros (divindades) que manipulam as essências (manifestações de Deus): o solo (terra), a umidade (água), o calor (fogo), o oxigênio (ar), os fertilizantes (minerais), as sementes (vegetais) e os processos genéticos ou crescimento (cristal).

Alguns idealizadores de cosmogonias ou panteões religiosos, por não atentarem para essa diferença fundamental, confundem as essências com os seus manipuladores, e aí suas concepções religiosas não satisfazem a todos, pois são incompletas.

Assim tem sido em toda a história da humanidade, e assim será por todo o sempre, pois o ser humano ainda é um ser em evolução e incapaz de, num nível, atinar com o que o superior lhe reserva.

Mas assim o Criador quis que fosse; pois só assim, esgotando tudo no nível em que se encontra, buscará um nível superior onde os conhecimentos são mais profundos e abrangentes.

Uma cosmogonia só se sustenta enquanto pessoas afins com ela existirem, pois assim que alcançam um nível diferente (superior ou inferior), outra cosmogonia será necessária.

Mas uns renegam a anterior porque não conseguiram absorvê-la, e outros assim procedem porque se desarmonizaram nela ou com ela.

Porém temos também aqueles que, após absorvê-la e incorporá-la ao seu consciente, alcançam um nível superior onde toda uma nova concepção cosmogônica muito mais abrangente lhe é mostrada e começa a ser absorvida. Então, logo começam a olhar seus irmãos ainda no nível anterior como incapazes, incompetentes, preguiçosos, não inteligentes, etc.

Temos visto isso acontecer com muita frequência na história da humanidade, e no Ritual de Umbanda Sagrada não seria diferente, já que temos visto filhos de fé que, ao alcançarem um nível superior, assumem pomposamente seus graus e começam a criticar seus irmãos de fé ainda num nível inferior (grau evolutivo).

Esquecem-se que, quando adentraram no Ritual de Umbanda Sagrada, os Orixás sagrados já existiam e atuavam há milênios. E se o filho de santo tem seus boris, ebós, etc.; tudo isso era regido por eles, os sagrados Orixás (os jardineiros manipuladores das essências), que sustentavam "todos" os níveis.

É certo que o Ritual Africano antigo não se diferenciava muito do ritual egípcio, hebreu, persa, grego, romano, hindu, chinês antigos.

Todos recorriam aos rituais de sacrifícios e oferendas de flores e alimentos, etc., para se colocarem em comunhão com as divindades.

E se muitas religiões já cumpriram suas missões na face da Terra, outras ainda não as concluíram e procuram manter-se dentro do ritual tradicional que as tem caracterizado e distinguido entre tantas religiões.

Por isso não entendemos as críticas feitas no calor das paixões que animam todos os envolvidos. Umbandistas não têm que criticar seus irmãos do Candomblé, mas sim entenderem que as essências são as mesmas, o emanador delas é o mesmo, os jardineiros são os mesmos.

Um cristão não tem que criticar um judeu, pois este também lhe é mais antigo e o precedeu na manifestação da essência que sustenta o Cristianismo (a essência da fé).

As divindades sustentam a tudo e a todos, e só aceitam os rituais aqueles que lhe são afins, assim como com os modos e meios que as divindades nele atuam.

Ao Setenário Sagrado nada escapa e em tudo e através de tudo ele se manifesta. Ele é Deus se manifestando e se irradiando em todos os níveis onde vivem as criaturas e os seres.

Nós temos uma classificação para o Setenário Sagrado, que aqui mostramos:

Fé	Essência cristalina
Amor	Essência mineral
Conhecimento	Essência vegetal
Justiça	Essência ígnea
Lei	Essência aérea
Razão (saber)	Essência telúrica
Geração	Essência aquática

São os sete sentidos da vida, pelos quais as essências divinas fluem e tanto nos chegam por meio das quatro vibrações (mentais, sonoras, energéticas e magnéticas), como por nós são irradiadas se estivermos absorvendo-as, vivendo-as e exteriorizando-as.

Nós, consciências emanadas pelo Divino Criador, quando em harmonia e equilíbrio, somos manifestadores do Setenário Sagrado, que é a manifestação do Divino Criador que nos chega o tempo todo e durante todo o tempo.

Nós temos também este Setenário Sagrado como as essências manipuladas pelos Orixás sagrados (os jardineiros), e não como se os Orixás fossem as próprias essências.

Senão, como explicar tantos Orixás para apenas sete essências divinas?

Somente num nível superior do conhecimento, onde o saber nos mostra ser mais abrangente e nos faculta conhecer a verdadeira origem de tantos Orixás, afins entre si, mas cada um com qualidades, atributos e atribuições que os individualizam e os tornam manipuladores por excelência das essências divinas que formam o Setenário Sagrado.

Não importa se uns dizem que Ogum é fogo e outros dizem que ele é água, terra, ar, etc.

Ogum manipula todas as essências, pois é guardião da Coroa Regente Planetária.

Não importa se dizem que Oxóssi é ar ou vegetal ou terra, pois ele manipula as sete essências divinas e é guardião da Coroa Regente.

Não importa se uns dizem que Logunan-Iansã é fogo, outros dizem que é ar, outros que é terra, ou água, pois é manipuladora das sete essências e guardiã da Coroa Regente.

Todos os sagrados Orixás cultuados, tanto no Candomblé quanto no Ritual de Umbanda Sagrada, os que no plano material já são conhecidos, são divindades (jardineiros) que cuidam do celestial planeta (jardim) onde vivemos todos nós, os seus filhos.

Entendemos que a alguns isso parecerá uma heresia, e a outros, um conhecimento profundo. Mas, se ousamos fixar tais conhecimentos no papel e levá-los ao conhecimento de quem por eles se interessar, é porque nos foi permitido pelo nosso regente ancestral, cristalino por excelência divina, que todos conhecem pelo nome de Oxalá!

Salve o senhor guardião da Luz Divina, Oxalá!

A Coroa Divina

Com. "Li-Mahi-Am-Seri-yê", G..M..R..L..C.. (Grande Mago do Raio da Luz Cristalina)

Amados irmãos e irmãs em Oxalá, ei-nos aqui mais uma vez comentando as essências divinas, mas já de outra forma e em outro nível, onde o Divino Criador manifesta-se e mostra-se o tempo todo e durante todo o tempo.

A Coroa Divina é formada pelas essências divinas já citadas no capítulo anterior, sendo que cada uma delas atua em todos os níveis, e em cada um deles ela assume um sentido.

Na Coroa Divina estão assentados os regentes planetários, que no Ritual de Umbanda Sagrada são denominados de Orixás essenciais: os movimentadores das essências.

As movimentações acontecem no nível mental e nos chegam por irradiações planetárias.

Assim, se há uma manifestação divina da Fé, sua essência flui através da Coroa Divina, onde o Senhor do Mistério da Fé (Oxalá) a vibra continuamente, irradiando-a o tempo todo e em todos os níveis energomagnéticos e em todos os graus vibratórios.

Por isso nenhum ser deixa de receber as irradiações de Fé, vibradas continuamente por Oxalá.

Olorum, na fé, manifesta-se através do seu mistério da fé: Oxalá.

Na Coroa Divina está assentado o amor, como mais uma das manifestações de Olorum, onde sua essência é movimentada pelo Orixá essencial do amor: Oxum.

Oxum vibra o amor o tempo todo, e suas radiações fluem em todos os níveis, alcançando todas as criaturas que, ao se sentirem estimuladas, buscam concretizá-las unindo-se aos seus semelhantes e dando continuidade à vida.

A essência do amor é tão importante aos seres quanto a essência da Fé.

Olorum, no amor, manifesta-se através de Oxum.

Na Coroa Divina está assentada a Justiça como uma das essências de Olorum, o Divino Criador.

Essa essência é movimentada por Xangô, que vibra justiça o tempo todo e suas irradiações essenciais fluem em todos os níveis alcançando todas as criaturas que, ao se sentirem estimuladas, buscam o equilíbrio com seus semelhantes e com o meio onde vivem.

Olorum, na justiça, manifesta-se através de Xangô.

Na Coroa Divina está assentado o conhecimento como uma das essências de Olorum, o Divino Criador.

Essa essência é movimentada por Oxóssi, que vibra conhecimento o tempo todo, e suas irradiações essenciais fluem em todos os níveis estimulando os seres a acumularem conhecimentos.

Olorum, no conhecimento, manifesta-se através de Oxóssi.

Na Coroa Divina está assentada a lei como uma das manifestações de Olorum.

Quem movimenta a essência da lei é Ogum, que vibra lei o tempo todo e suas irradiações fluem em todos os níveis e alcançam a todos o tempo todo, estimulando-os a buscarem a ordem e procederem ordenadamente.

Olorum, na lei, manifesta-se através de Ogum.

Na Coroa Divina está assentado o saber como uma das manifestações de Olorum.

Quem movimenta a essência do saber é Obaluaiê, que vibra saber o tempo todo, e suas irradiações fluem em todos os níveis, alcançando a todos o tempo todo e estimulando os seres a se aquietarem, refletirem e evoluírem, recorrendo à razão.

Olorum, no saber, manifesta-se através de Obaluaiê.

Na Coroa Divina está assentada a geração como uma das manifestações de Olorum.

Quem movimenta a essência da geração é Iemanjá, que vibra geração o tempo todo, e suas irradiações fluem em todos os níveis e alcançam a todos o tempo todo, estimulando-os a ampararem os semelhantes e assim sustentarem toda a criação.

Olorum, na geração, manifesta-se através de Iemanjá.

Aí, numa rápida e simples colocação, construímos um panteão divino que denominamos como Coroa Divina planetária, que movimenta as essências pelas quais Olorum se manifesta e chega até nós em todos os níveis.

Então adiciono o seguinte:

Oxalá manifesta-se no íntimo de cada um (templo).
Oxum manifesta-se nas cachoeiras (magnetismo).
Oxóssi manifesta-se nas matas (essências).
Xangô manifesta-se nas montanhas (solidez).
Ogum manifesta-se nos caminhos (sendas).
Obaluaiê manifesta-se nos campos (estados).
Iemanjá manifesta-se nas águas (fluidos).
Oxalá vibra no chacra coronal (mente).
Oxum vibra nas emoções (chacra cardíaco).
Oxóssi vibra nas percepções (chacra frontal).
Xangô vibra na razão (chacra umbilical).
Ogum vibra no humor (chacra laríngeo).
Obaluaiê vibra na forma (chacra esplênico).
Iemanjá vibra na criatividade (chacra básico).

Oxalá é cultuado em todos os lugares.
Oxum é cultuada na água doce (rios, cachoeiras, etc.).
Oxóssi é cultuado nas matas, nos bosques, etc.
Xangô cultuado nas montanhas, pedreiras, etc.
Ogum é cultuado nos caminhos, nos campos, nas encruzilhadas.
Obaluaiê é cultuado na terra (campos limpos, cemitério).
Iemanjá é cultuada nas águas salgadas (mar, oceanos).

Oxalá recebe como oferenda: lírios brancos, arroz-doce, canjica de milho branco, mel, coco verde, vinho branco e flores brancas.

Oxum recebe como oferenda: rosas brancas, amarelas e vermelhas, velas de todas as cores, champanhe *rosé* e cereja em calda.

Oxóssi recebe como oferenda: vinho tinto seco, cerveja branca, flores coloridas, moranga cozida, velas verdes, frutas variadas e milho verde cozido.

Xangô recebe como oferenda: vinho branco doce, cerveja preta, velas brancas, vermelhas e marrons, melão e abacaxi e favos de mel com figo.

Ogum recebe como oferenda: cerveja "branca", flores diversas, cravos vermelhos, milho vermelho cozido com bastante canela, mamão maduro, vinho tinto seco, velas brancas, azul-escuras e vermelhas e frutas variadas.

Obaluaiê recebe como oferenda: vinho doce licoroso, velas brancas e violetas, pipoca, arroz-doce com cravos, crisântemos, palmas e coco com mel.

Iemanjá recebe como oferenda: champanhe doce verde, arroz-doce com anis-estrelado, velas brancas e azul-claras, manjar, mel, doces e flores de todos os tipos

Oxalá deve ser firmado com velas brancas.
Oxum deve ser firmada com velas azuis, amarelas e rosas.
Oxóssi deve ser firmado com velas azuis, verdes e vermelhas.
Xangô deve ser firmado com velas brancas, vermelhas e marrons.
Ogum deve ser firmado com velas brancas, vermelhas e azul-escuras.
Obaluaiê deve ser firmado com velas brancas, vermelhas e roxas.
Iemanjá deve ser firmada com velas brancas, azuis e lilases.
Oxalá é simbolizado pelo branco e sua pedra é o cristal.
Oxum é simbolizada pelo dourado e sua pedra é a ametista.
Oxóssi é simbolizado pelo verde e sua pedra é a esmeralda.
Xangô é simbolizado pelo vermelho e sua pedra é o jaspe.
Ogum é simbolizado pelo azul-profundo e sua pedra é a granada.
Obaluaiê é simbolizado pelo roxo e sua pedra é a turmalina rosa.

Iemanjá é simbolizada pelo azul-cristalino e sua pedra é a água-marinha.

Mas ainda acrescento o seguinte:

Oxalá tem como par o tempo (Logunan), cuja pedra é o quartzo fumê rutilado.

Oxum tem como par o arco-íris (Oxumaré), cuja pedra é a mica rosa.

Oxóssi tem como par a terra (Obá), cuja pedra é a madeira petrificada.

Xangô tem como par o raio (Iansã), cuja pedra é o citrino.

Ogum tem como par o fogo (Kali-yê), cuja pedra é a ágata-de-fogo.

Obaluaiê tem como par a água (Nanã Buruquê), cuja pedra é a da lua

Iemanjá tem como par o pó (Omolu), cuja pedra é o ônix

E explico isto:

Oxalá manifesta-se no tempo (Logunan), mentalmente.

Oxum manifesta-se nas energias (Oxumaré), emocionalmente.

Oxóssi manifesta-se nos vegetais da terra (Obá), racionalmente.

Xangô manifesta-se nas pedreiras (Iansã), consciencialmente.

Ogum manifesta-se nas chamas (Kali-yê), ordenadamente.

Obaluaiê manifesta-se nas águas (Nanã), sabiamente.

Iemanjá manifesta-se na terra (Omolu) fluidicamente.

Aí desdobrei a Coroa Divina em vários dos aspectos que vibram em sintonia com as essências e, talvez, sem querer (sem?), eu tenha montado parcialmente um todo que, não duvidem, sustentaria uma religião por milênios e ampararia a milhões de espíritos humanos.

Mas, acreditem, apesar de todas as correspondências estarem corretas com a Coroa Divina regente do todo planetário, não foi esta a minha intenção, pois só quis mostrar como é fácil alguém, pegando o que já existe e é do conhecimento de todos, montar sua cosmogonia particular, difundi-la por vários meios e, em seguida, começar a ofender a todos quantos não se curvarem ante a sua codificação do mistério "Orixás".

Ou não é isso que alguns filhos de fé têm feito já há um bom tempo com o Ritual de Umbanda Sagrada?

Fizeram um apanhado simples no vasto panteão dos Orixás africanos, incorporaram a eles conceitos e definições disponíveis no budismo, no hinduísmo, no vedisno, no helenismo, na cabala, na astrologia, na numerologia, na psicologia, na medicina, na filosofia, etc., e vão continuar agregando mais e mais conceitos e definições, pois precisam eivar cada vez mais seu panteão pessoal com tudo o que outras religiões ou ciências tiverem de melhor ou mais aceitável, pois só assim o sustentará e o tornará diferente do simples, concreto, compreensível e tão humano panteão africano.

Nada como se mostrar diferente quando não se consegue ser igual aos simples e humildes filhos dos Orixás. Nada como criar uma cosmogonia particular para lançar no lodo da ignorância todos os que se encantaram com o encanto natural dos Orixás africanos e os cultuam movidos unicamente pela Fé, a mesma Fé que, se não remove montanhas, no entanto eleva quem a vibra a tão grande altura que o ajuda a transpô-la e alcançar os floridos campos do Senhor da Fé.

Bom, vamos parar por aqui, pois já viram o porquê de tantas "umbandas", quando o Sagrado, por meio da Coroa Divina, ungiu apenas um ritual de "Umbanda Sagrada" como a religião Umbandista.

Não existe Umbanda sem Orixás, e Orixás não existem se não estiverem assentados na natureza.

Se me extrapolei, foi unicamente para mostrar o quão abrangente é a vibração que a Coroa Divina irradia a todos, o tempo todo e durante todo o tempo, pois só assim é possível observar, entender e compreender como tantos umbandistas têm buscado fundamentos em outras fontes que não a própria natureza divina dos sagrados Orixás.

Os que tentam consolidar um panteão, simplesmente estão tentando ordenar o que já existe, mas encontra-se difuso devido à não definição de somente um Orixá para cada essência assentada na Coroa Divina.

Mas, por lhes faltar um conhecimento oculto e até aqui velado pelos próprios Orixás, ordenam seu panteão, mesmo discutível, e induzem seus seguidores a condenarem outras ordenações, também discutíveis ou incompletas, pois todos começaram suas ordenações de baixo para cima.

Em religião este é o pior caminho que um ordenador pode tomar, pois terá de ir anulando a todos, em todos os níveis, e lutar o tempo todo para perpetuar-se, senão uma ordenação mais "humana" diluirá sua "obra" em poucas linhas escritas, tal como eu fiz quando, a partir da Coroa Divina, estabeleci um panteão que encontra sustentação nas sete essências sagradas.

Afinal, com tudo o que existe no plano material, é fácil montar outros panteões, também afins com as essências, e ter mais uma "umbanda", entre as muitas já existentes, sustentada pelos Orixás cultuados em seus templos.

Sabem o porquê disso?

É porque cada um dos Orixás é uma divindade natural, pela qual fluem as sete essências.

De nada adianta apenas conhecermos um Orixá.

Nós temos de ter fé em seu poder, amá-lo, respeitá-lo, cultuá-lo e adorá-lo, tal como os fiéis de outras religiões fazem com suas divindades (Jesus Cristo, Buda, Krishna, etc.).

Um Orixá pode manifestar todas as sete essências assentadas na Coroa Divina e sustentar toda uma religião por si só; pois, como comentei no capítulo anterior, um só jardineiro pode estar se mostrando, mas todos os outros estão por perto, ainda que não se mostrem.

Assim, junto ao Orixá essencial Ogum estão todos os outros Orixás essenciais, ainda que não se mostrem.

Ou ainda não observaram que um médium tem como pai o Orixá Ogum e como a mãe, a Orixá Oxum, mas seu Caboclo é de Oxóssi, seu Preto-Velho é de Xangô e seu Exu de Obaluaiê, e seu Erê é de Iansã?

Ainda que dito não esteja, estão mostrando que os outros Orixás estão juntos com o principal, que é o pai de cabeça Ogum, ou como dizem, o Orixá de frente.

Atentem bem para o que aí está escrito, e perceberão que o Setenário Sagrado (as sete essências) flui por meio dos Orixás assentados na Coroa Divina, em todos, o tempo todo, ao mesmo tempo e durante todo o tempo.

Logo, se lhes chega um Ogum, lhes chegarão todos os sete, ainda que só um jardineiro (Orixá) se mostre.

Isso não tem sido ensinado porque não sabiam, mas esperamos que mudem alguns dos seus conceitos quando lerem isso, e aperfeiçoem-se nas ciências dos Orixás em vez de lhes agregarem conceitos discutíveis incorporados a eles que circulam pelos meios umbandistas do plano material.

A melhor forma de entender os Orixás não é partindo de baixo para cima, como tem feito algumas pessoas que se dispuseram a descrever os senhores da natureza.

O próprio termo "senhores da natureza" já diz tudo, pois na natureza encontramos as sete essências materializadas: o cristal, o mineral, o vegetal, o ar, o fogo, a terra e a água.

Dentro dessas sete essências "concretizadas" está tudo o que existe na "natureza".

Olorum manifesta-se por meio das essências assentadas na Coroa Divina, chega até nós como sentimentos (fé, amor, justiça, equilíbrio, evolução, saber e geração), e nos é mostrada concretamente através de sua criação, que é a sua materialização, ou a materialização de suas essências.

Só assim, a partir do alto e descendo de níveis, chega-se a uma ordenação satisfatória dos Orixás sagrados.

Só contemplando a Coroa Divina regente do todo planetário se compreenderá e se codificará corretamente o Ritual de Umbanda Sagrada no plano material, pois no espiritual ele já está há muito tempo.

Só acompanhando os desdobramentos que acontecem a partir dele se entenderá por que ninguém conseguiu até hoje colocar racionalmente todos os Orixás "dentro" das sete linhas de Umbanda: eles partiam de baixo para cima!

Da terra queriam chegar até Deus.

Isto o mito "Torre de Babel" já provou que é impossível, e que por mais "tijolos" que adicionassem à sua base para poder elevá-la, nunca chegavam até Deus.

Ao menos se modelassem seus próprios tijolos, ainda seriam aceitáveis. Mas se satisfazem em subtrair alguns da teosofia, outros da numerologia, etc., e irem construindo suas "Torres de Babel" abstratas que estão descaracterizando o que de mais natural os Orixás sagrados possuem: seus encantos e mistérios divinos.

E tão abstratas estão essas "Torres de Babel" que só mesmo seus criadores ainda acreditam na sua existência e solidez. Mas até isso o tempo (Logunan) diluirá... com eles junto, e a pó (Omolu) os reduzirá.

A Coroa Divina, um mistério de Olorum, rege todo o planeta e o todo planetário (multidimensional) o tempo todo e durante todo o tempo.

Não existe uma só religião que não seja regida e sustentada por suas vibrações energomagnéticas.

Sete tronos divinos estão assentados nela, e através das telas essenciais multidimensionais alcançam todos, o tempo todo e durante todo o tempo.

Esses tronos não são ocupados por divindades masculinas ou femininas. Eles são o que são, mistérios de Olorum, o Divino Criador.

Nós os chamamos de Tronos Divinos, essências divinas, ou Orixás essenciais.

Vamos mostrar graficamente como os concebemos:

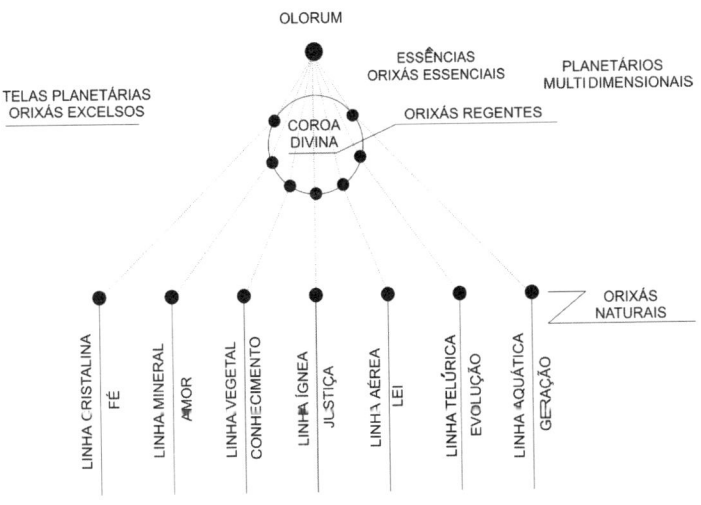

Até esse ponto não existe uma classificação, pois são Tronos essenciais, impenetráveis e invisíveis.

Atuam por meio de telas vibratórias planetárias multidimensionais que envolvem a tudo e a todos. Nada nem ninguém fica fora delas em momento algum.

Essas telas essenciais atuam sobre nós da seguinte maneira:

Iniciamos uma ação;
A ação reflete em todas elas;
Elas ressonam nossa ação;
A ressonância ecoa nos Tronos naturais;

Os Tronos naturais ativam poderes localizados no mesmo nível mental e energomagnético da dimensão onde iniciamos a ação.

Esses poderes ativam os seres divinos responsáveis pela faixa vibratória onde a ação foi iniciada, que passam a "responder" pelo seu desdobramento.

Essas respostas tanto podem ser positivas quanto negativas.

O importante é que tudo reflete nas telas essenciais da Coroa Divina e nenhuma ação fica sem resposta.

Às vezes são positivas (estimuladoras) e outras são negativas (paralisadoras) das ações iniciadas.

Se assim é, e sempre foi, isso se deve ao fato de tudo ser regido pelo Setenário Sagrado, e nada escapar-lhe, localize-se em qualquer nível!

Nós temos como "conhecimento assentado" que o Setenário Sagrado forma sete telas planetárias multidimensionais, e tudo o que "acontecer" em qualquer lugar refletirá na Coroa Divina que, imediatamente, envia um sinal em resposta.

As sete telas refletoras são o percepcional divino que enviam à Coroa Divina, por vibração, todos os pensamentos, palavras e ações. E numa memória imortal, e viva, tudo fica gravado e a espera de uma anulação total ou de sua universalização.

De uma ação negativa (erro, falha ou pecado), espera-se a reparação.

De uma ação inconsciente, espera-se a anulação.

De uma ação positiva, espera-se sua universalização.

Enquanto num desses três casos o desfecho não ocorrer, no nível onde tiveram início tais ocorrências estarão vibrando e refletindo nas telas planetárias e chegando até a Coroa Divina, que também estará emitindo sinais em sentido contrário.

Uns são de estímulo (ação positiva).
Uns são de paralisação (ação negativa).
Uns são de anulação (ação inconsciente).

A Coroa Divina está acima de todas as religiões já "pensadas e concretizadas" no plano material, pois ela é suprarreligiosa e atua em todas elas por meio de seus muitos graus hierárquicos (Tronos celestiais).

Só sabendo que a Coroa Divina rege o todo planetário, já nos é possível formar uma religião e constituir um panteão divino que a sustentará.

Se isso é possível, é porque sete tronos assentados na Coroa Divina regem o planeta em suas múltiplas dimensões, onde vivem bilhões de seres elementais, naturais, humanos, angelicais, etc.

Seres elementais vivem nas dimensões básicas.
Seres naturais vivem nas dimensões naturais.
Seres humanos vivem nas dimensões espírito-matéria.
Seres angelicais vivem nas dimensões celestiais.

A Coroa Divina tem regido todas as religiões concretizadas no plano material que serviram à escala evolutiva humana. Mas também atua com a mesma intensidade nas outras dimensões, onde outras escalas evolutivas existem, ainda que atuem de modo diferente da escala humana.

Se interpretarmos as essências divinas assentadas na Coroa Regente, veremos que as discórdias religiosas que surgem de vez em quando no plano material só se devem:

a) ao desconhecimento dos fundamentos divinos;
b) aos interesses políticos-religiosos;
c) aos interesses econômicos mercantilista;
d) à ignorância humana acerca do Divino Criador Olorum, que também posso chamar de Iavé, Brahma, Zeus, Rá, Alá, Tupã, Deus, etc., etc.

Viram quantos nomes existem para o mesmo Divino Criador? E, no entanto, de posse de um desses nomes, povos guerrearam, e dizendo-se portadores de uma missão divina, mataram semelhantes que eram filhos do mesmo Deus, pois se só existe um, então todos somos seus filhos.

Isso é a "ignorância humana" a que me refiro constantemente.

Estudando a Coroa Divina, encontramos nas sete essências assentadas a origem de todas as divindades já concretizadas religiosamente no plano material, e que foram ou são adoradas por milhões de seres humanos através dos tempos.

Do Trono da Fé (essência Cristalina) já adentraram no meio material-humano tantas divindades, que nos é impossível nomeá-las aqui. Mas que saibam todos que Apolo, Aton, Krishna, Jesus Cristo, Buda e tantos outros seres celestiais "humanizados", são todos originários dele, o divino Trono cristalino assentado na Coroa Divina, que aqui denominamos "Oxalá", o Trono por onde fluem as irradiações de fé do divino Olorum.

A justiça Divina flui e irradia-se por meio de Xangô e Oroiná.

O amor Divino flui e irradia-se em Oxum e Oxumaré.

O conhecimento Divino flui e irradia-se em Oxóssi e Obá.

A lei Divina flui e irradia-se em Ogum e Iansã.

O saber Divino flui e irradia-se em Obaluaiê e Nanã.

A geração Divina flui e irradia-se em Iemanjá e Omolu

Só que esses seus manifestadores nem sempre têm chegado ao plano material com esses nomes. E isto tem confundido a religiosidade, já que de Tronos assentados em níveis diferentes têm sido enviados à dimensão humana seres celestiais (divindades) com missões diferentes a cumprirem, uma vez que em níveis evolutivos diferentes eles têm de atuar.

E não são só os níveis evolutivos que são diferentes. As culturas, o saber religioso, as naturezas humanas, os anseios, as expectativas e os desejos, as concepções religiosas, a ancestralidade (divindades predecessoras) também o são.

A diversidade tem sido necessária, pois o nível cultural, mental e a concepção religiosa do europeu não são as mesmas do africano, do hindu, do árabe, do chinês, ou do indígena, etc.

A tudo isso a Coroa Divina está atenta o tempo todo e durante todo o tempo e atende a todos, não deixando nunca de colocar diante dos espíritos humanos uma ou várias divindades que mais falem aos seus corações. E os conduzem equilibradamente à ascensão consciencial e à evolução espiritual.

Portanto, que os amados filhos de Umbanda não sigam o Ritual Africano ancestral de culto aos Orixás sagrados, isso é compreensível e aceitável, e a recíproca também o é.

Mas que uns não ofendam aos outros porque os sagrados Orixás estão amparando as diferentes "naturezas" humanas.

Não existe um Oxalá para o Candomblé e outro para a Umbanda, assim como não existe um Jesus Cristo para o católico e outro para o protestante, e mais outro para os espíritas, pois estes também fundamentam sua doutrina nele, o Mestre Divino.

Ou não é verdade que iniciam suas abençoadas reuniões repetindo o que disse Ele: "Onde dois ou mais, em meu nome estiveram reunidos, lá estarei."

"Ele" realmente estará, e se manifestará através dos seus seguidores no nível afim com os que, em seu nome, se reunirão.

O mesmo ocorre na Umbanda Sagrada, onde médiuns se reúnem em nome dos Orixás, e estes a todos se manifestam através de seus mentores espirituais afins com os médiuns que os invocam.

Se são médiuns curadores, guias curadores lhes acorrem.

Se são médiuns doutrinadores, guias doutrinadores deles se aproximam.

Se são médiuns cortadores de "demandas", guias afins com os choques cármicos se manifestam.

Enfim, em cada nível os Orixás sagrados têm suas hierarquias afins com os encarnados que os invocam, pois em seus poderes confiam e a eles recorrem durante seus trabalhos espirituais.

E se assim é, é porque todos os Orixás sagrados são Tronos celestiais pelos quais as sete essências divinas fluem, irradiam e se manifestam, alcançando todos os níveis vibratórios, todas as criaturas, o tempo todo e durante todo o tempo.

Isso ocorre porque o Ritual de Umbanda Sagrada surgiu (foi idealizado no astral e posteriormente concretizado no plano material) após uma vibração ordenadora da Coroa Divina.

A "vibração original" estimulava uma ordenação das manifestações espirituais que ocorriam esparsas, e em todos os níveis. Uns regidos por divindades "indígenas", outros por Orixás.

Numa irradiação ordenadora da Coroa Divina todos os níveis foram hierarquizados ao redor das sete essências divinas, que são:

    Cristalina;
    Mineral;
    Vegetal;
    Ígnea;

Eólica;
Telúrica;
Aquática.

O Ritual de Umbanda Sagrada, como todas as outras religiões, é regido pela Coroa Divina, e não é nem melhor nem pior que nenhuma das outras religiões que se fazem presente em solo brasileiro.

Apenas tem seus próprios fundamentos religiosos, e um modo e meio só seu de cumprir sua missão divina.

Fiéis têm o Ritual de Umbanda Sagrada e todas as outras religiões.

Médiuns praticantes ela tem, assim como as outras têm suas hierarquias encarnadas.

Um meio divino por onde seus mistérios fluem e irradiam ela tem. E o mesmo as outras também têm.

Uma liturgia (cantos rituais, obrigações, preceitos, etc.) ela tem que a distingue até do Candomblé. Mas isso também ocorre no Cristianismo, em que o ritual romano difere do ortodoxo, e o espírita difere do ritual dos evangélicos, pois ambos são polos diferentes de uma mesma linha de força, caso vocês não saibam.

Nessa mesma linha de força, num polo estão: Umbanda, Espiritismo, Sufismo, Teosofia, Rosa-Cruz, Budismo, etc.

No outro polo estão: Candomblé, Evangelismo, Maçonaria, Hinduísmo, Xintoísmo.

Toda religião tem dois polos por onde fluem duas linhas de força, uma é universal (coletivista) e a outra é cósmica (individualista).

Observem as religiões sobre essa óptica e detectarão qual a linha de força que as está regendo.

Com isso saberão como é o modo de pensar e agir dos que com ela se identificam e as seguem.

Observem apenas alguns aspectos e o resto virá por seus desdobramentos: a Umbanda universaliza os Orixás; o Candomblé os individualiza.

Ou não é verdade que na Umbanda um Orixá universal (Ogum por exemplo) é o guardião de todos enquanto no Candomblé cada filho de santo tem o seu Ogum individual, só seu e de mais ninguém?

O mesmo ocorre entre o Espiritismo e o Protestantismo: este tem um Jesus Cristo próprio, punidor, intolerante, exclusivista e condenador de todas as outras religiões. Já o Espiritismo possui um Jesus Cristo universalista, tolerante, compreensivo, amoroso, paciente, etc.

Meditem sobre isso, e o mesmo descobrirão entre a Igreja Católica Apostólica Romana e a Igreja Ortodoxa, e entre as correntes sunita e xiita do Islamismo.

E mesmo adentrando nos próprios polos, duas novas correntes encontraram, pois mesmo no Espiritismo tem uma corrente "cósmica" que proíbe qualquer contato ou menção à Umbanda e uma outra que até a estuda e dela se serve através dos Caboclos e Pretos-Velhos que baixam em suas sessões ou mesas.

Para o Espiritismo cósmico, só espíritos seletos são tidos como elevados. Já para a corrente universal, todos são bem-vindos, desde que venham em nome de Jesus Cristo.

Isso pode parecer contraditório, mas não é.

A Coroa Divina sabe que existe dois tipos de naturezas humanas:

Uma cósmica e a outra Universal.

Existem dois polos magnéticos em todos os aspectos do Criador, da criação e das criaturas, que se manifestam em tudo e em todos, durante todo o tempo e o tempo todo, e em todos os níveis vibratórios.

Um desses polos é irradiante e o outro é concentrador.
Um é expansor e o outro é contraidor.
Um é agregador e o outro é isolante.
Um é universal e o outro é cósmico.
Um é o polo positivo e o outro é negativo.
Um é masculino e o outro é feminino.

Essa dupla polaridade pode ser desdobrada em muitas formas e aspectos, pois a encontramos em tudo e em todos.

Mesmo em um indivíduo ela se mostra claramente, pois ora somos movidos pela vontade (racional), ora pelo desejo (emocional). Ou a preferência por um lazer, uma bebida, um jogo, uma leitura, uma música, etc., não atende a um desses dois polos existentes nos seres humanos?

Bom, se me alonguei nessa linha de raciocínio, foi para deixar assentado que em tudo e em todos os níveis existem duas naturezas (cósmica e universal), que são os dois polos de uma mesma coisa, una em si mesma, mas não nas suas manifestações, e é porque desejo chegar ao ponto crucial que tem causado certa contradição dentro do Ritual de Umbanda Sagrada.

Ou não é verdade que são "sete linhas", mas não somente sete Orixás?

As sete linhas são as sete linhas de força (ativas-passivas, masculinas-femininas, positivas-negativas, universais-cósmicas) que, a partir da Coroa Divina, começam a ser desdobradas e pouco a pouco vão se tornando identificáveis através dos próprios Orixás.

Eles são de natureza ativa, universal, cósmica, masculina, feminina, passiva, etc.

Cada um deles, após a polarização das essências divinas e suas individualizações (Orixás naturais), vão naturalmente assentando-se, uns nos polos positivos e outros nos polos negativos.

Uns assumem uma natureza universal e outros uma natureza cósmica.

Uns são masculinos e outros são femininos.

Uns são irradiantes e outros são concentradores.

Uns expandem e outros afixam.

As Sete Linhas de Umbanda são estas:

1ª Linha Cristalina .... fé, religiosidade;
2ª Linha Mineral .... amor, fecundidade ou concepção;
3ª Linha Vegetal .... conhecimento, criatividade;
4ª Linha Ígnea .... justiça, racionalidade;
5ª Linha Aérea .... lei, ordenação;
6ª Linha Telúrica-Aquática .... razão, forma ou evolução;
7ª Linha Aquática .... geração, fertilidade, maternidade.

1ª – Olorum, através de Seu Trono Cristalino assentado na Coroa Divina, faz Sua essência da fé irradiar uma linha de força que abrange tudo, desde o "alto" até o "embaixo", e nenhum nível deixa de ser alcançado por ela: A linha da força por onde a "Fé" flui naturalmente.

2ª – Olorum, através de Seu Trono Mineral assentado na Coroa Divina, faz Sua essência do amor irradiar uma linha de força que abrange tudo, desde o "alto" até o "embaixo", e nenhum nível deixa de ser alcançado por ela: A linha de força por onde o "amor" flui naturalmente.

3ª – Olorum, através de Seu Trono Vegetal assentado na Coroa Divina, faz Sua essência do conhecimento irradiar uma linha de força que abrange tudo, desde o "alto" até o "embaixo", e nenhum nível deixa de ser alcançado por ela: A linha de força por onde o "conhecimento" flui naturalmente.

4ª – Olorum, através de Seu Trono Ígneo assentado na Coroa Divina, faz Sua essência ígnea irradiar uma linha de força que abrange tudo, desde o "alto" até o "embaixo", e nenhum nível deixa de ser alcançado por ela: A linha de força por onde a "justiça" flui naturalmente.

5ª – Olorum, através de Seu Trono Eólico assentado na Coroa Divina, faz Sua essência eólica irradiar uma linha de força que abrange tudo, desde o "alto" até o "embaixo", e nenhum nível deixa se ser alcançado por ela: A linha de força por onde a "lei" flui naturalmente.

6ª – Olorum, através de Seu Trono Telúrico-Aquático assentado na Coroa Divina, faz Sua essência telúrica irradiar uma linha de força que abrange tudo, desde o "alto" até o "embaixo", e nenhum nível deixa de ser alcançado por ela: a linha de força por onde a "razão" flui naturalmente.

7ª — Olorum, através de Seu Trono Aquático assentado na Coroa Divina, faz Sua essência aquática irradiar uma linha de força que abrange tudo, desde o "alto" até o "embaixo", e nenhum nível deixa de ser alcançado por ela: A linha de força por onde a "geração" flui naturalmente.

1ª – Linha.. Fé .... Religiosidade, confiança, ascensão;
2ª – Linha.. Amor..... Afetividade, carinho, comunhão;
3ª – Linha .... Conhecimento, Compreensão, estudo, aperfeiçoamento;
4ª – Linha.. Justiça ... Resignação, obediência, submissão;
5ª – Linha.. Lei......... Lealdade, ordem, hierarquização;
6ª – Linha.. Saber..... Fraternidade, doutrina, evolução;
7ª – Linha.. Geração. Vitalidade, amparo, união.

São sete linhas cujos fundamentos se encontram assentados na Coroa Divina, cujos tronos essenciais nós, na Umbanda Sagrada, os chamamos de sagrados Orixás essenciais, pois são indiferenciados. Não são positivos ou negativos, universais ou cósmicos, masculinos ou femininos, etc.

Eles são o que são: essências divinas!

Então, desse alto do Altíssimo, aí sim, tem início um primeiro desdobramento que formará a dupla polaridade, o qual os chamamos de Orixás ancestrais.

Esses Orixás ancestrais são os Tronos regentes das setes dimensões básicas (originais) sustentadoras de todos os processos "energomagnéticos" (religiosos, multidimensionais evolutivos, etc).

Eles estão na base de tudo e neles (os Tronos) estão os fundamentos essenciais de todos os Orixás naturais, ou regentes da natureza em seus múltiplos níveis energéticos, polos energomagnéticos, estágios evolutivos, etc.

Existem sete dimensões essenciais básicas que se desdobram em dimensões bipolares ou bienergéticas, ou com dois polos energomagnéticos plenamente ativos, e sustentando seres em evolução.

Com isso, já temos como explicar o imenso número de "Orixás" cultuados em solo africano, mas inexplicável tanto pelos seus cultuadores quanto pelos escritores de Umbanda.

Enquanto não atentarem para o que aqui comentamos, uma interrogação sempre restará: como são só sete linhas, regidas cada uma por um Orixá, se eu conheço mais de sete Orixás que se manifestam dentro da própria Umbanda Sagrada?

Este tem sido o problema irrespondível pela maioria das pessoas que comentam o Ritual de Umbanda Sagrada.

As sete linhas encontram seus fundamentos nos sete Orixás ancestrais que chamamos de básicos, pois é a partir deles que os desdobramentos dos polos magnéticos começam a ocorrer e a diferenciar um Orixá positivo de seu par magnético negativo.

Par magnético não é par energético.

Par magnético significa que um está "assentado" no polo positivo e outro no polo negativo de uma mesma linha de força.

Par energético significa que ambos manipulam energias afins entre si, ou complementares, pois onde uma é ativa a outra é passiva, e vice-versa.

Um exemplo:
Oxum é mineral e energiza a água, ativando-a.
Nanã é terra e desenergiza a água, apassivando-a.
Oxum tem seu ponto de força aquático nas cachoeiras e nos rios.
Nanã tem seu ponto de força nos lagos e mangues.
Num X, tudo é explicado pelos polos energomagnéticos e pelas linhas energéticas.

Na linha de forças aquáticas, Oxum flui energeticamente através da corrente cósmica, que é ativa, estimuladora, energizadora, emocionalizante, movimentadora. Enquanto Nanã, nesta mesma linha de forças aquáticas, flui através da corrente universal, que é passiva, apassivadora, racionalizante, aquietadora, decantadora, etc.

Observem que não dissemos que nem uma nem outra é água. Apenas anotamos isso: na linha de forças aquáticas polarizadas em cósmicas e universais ou ativas e passivas, Oxum é ativa e Nanã é passiva. Oxum é mineral e Nanã é telúrica em seus magnetismos e polaridades magnéticas (linhas de forças originais). Mas, em outras linhas de forças, formam num determinado nível, um par vibratório, pois onde Oxum termina (correnteza = emocional), Nanã começa a atuar (lago = racional) e vice-versa.

Observem bem o que acabou de ser escrito, pois na não observação ou no desconhecimento disso reside um dos focos de contradições das concepções acerca dos Orixás.

Nós já comentamos linhas atrás que os Orixás são divindades que atuam em sintonia com a Coroa Regente e podem manifestar-se em todas as essências.

Comentamos também que Nanã e Obaluaiê formam um par vibratório, já que ela é água-terra com magnetismo (natureza) feminina e Obaluaiê também é terra-água, mas com o magnetismo (natureza) masculino.

Na linha essencial telúrica, Nanã é (-) ou feminina e Obaluaiê é (+) ou masculino.

Temos isto: (-) ——————— (+)
	fem.	masc.

Mas Nanã é passiva (+) e Obaluaiê é ativo (-), que formam isto:

Nanã	=	(- +) ou feminina e passiva
Obaluaiê	=	(+ -) ou masculino e ativo

Isso é um par vibratório natural, pois os dois são de uma mesma essência original, mas são de polos magnéticos opostos dentro da mesma linha de força essencial.

Na linha de força irradiada pelo Trono regente planetário e multidimensional telúrico aquático, Obaluaiê ativa os seres e os estimula a evoluírem, enquanto Nanã os paralisa e os conduz a uma aquietação.

Obaluaiê estimula energeticamente ativando os seres, e Nanã o paralisa magneticamente.

Nanã paralisa o ser, desmagnetizando-o.
Obaluaiê estimula o ser, energizando-o.

São dois polos complementares, pois se o ser estiver muito ativo, Nanã interfere e o atrai ao seu polo magnético, onde, lentamente, irá decantar sua energia, irá desemocionalizá-lo e racionalizá-lo.

Com isso, o ser deixa de ser dispersivo e torna-se concentrador.

Bom, já comentamos linhas atrás que mesmo se só um jardineiro (Orixá) estiver visível ou se mostre, no entanto todos os outros estão por perto. E a encantada serpente "Rubra" é atribuição da sagrada "Kali-yê", que na Umbanda Sagrada é o Raio "Rubro" de Iansã.

Tudo é uma questão de saber ver o que não está revelado, senão de forma alegórica e simbólica, e a saber interpretar o oculto. Afinal, "Iansã Oroiná", quem é "filho" dela, sabe muito bem que em sua coroa a ilusão não resiste por muito tempo (Logunan).

Afinal, se "Kali-yê" é polo energomagnético oposto a Ogum, Logunan é o polo oposto de Oxalá.

E, assim, pares vibratórios energomagnéticos se formam.

Observem que falamos aqui em pares energomagnéticos

e não apenas pares energéticos ou pares magnéticos, que não são a mesma coisa.

Todas as Iansãs são regidas pelo Tempo, mas nem todas elas são o tempo, pois nos níveis onde atuam, formam ou pares magnéticos ou energéticos com outros Orixás.

Aí vocês têm:

Iansã do ar;
Iansã das pedreiras;
Iansã do fogo;
Iansã das cachoeiras;
Iansã da terra;
Iansã do mar;
Iansã das matas;
Iansã do tempo, do cemitério, etc.

Cada uma atuando em um nível de Logunan, que é o polo oposto e par energomagnético de Oxalá.

Oxalá vibra fé o tempo todo e durante todo o tempo. Interpretem isso e saberão o que é polo "energomagnético".

Para ensinar o que são "pares vibratórios", é preciso conhecê-los realmente e a fundo, e não fazer como alguns fizeram: aleatoriamente uniram dois Orixás e solucionaram o problema de tantos Orixás para apenas sete linhas de Umbanda Sagrada.

Afinal, desconheciam que as sete linhas energomagnéticas são estas:

A linha cristalina	(Oxalá – Logunan)
A linha mineral	(Oxum – Oxumaré)
A linha vegetal	(Oxóssi – Oba)
A linha ígnea	(Xangô – Iansã)
A linha aérea	(Ogum – Kali-yê)
A linha telúrica	(Obaluaiê – Nanã)
A linha aquática	(Iemanjá – Omolu)

Estes são os sete pares "energomagnéticos" assentados como manifestação da Coroa Divina através das sete linhas de forças que regem todo o Ritual de Umbanda Sagrada.

Pares "energomagnéticos" são as duas polaridades opostas que fluem lado a lado, mas dentro de uma mesma linha de ação e reação, uma mesma linha de força de uma irradiação.

Com isso, ao observarmos "humanamente" a Coroa Divina, a vemos assim:

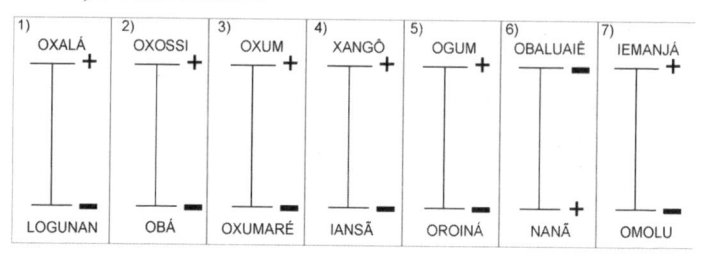

| 1) OXALÁ + — LOGUNAN — | 2) OXOSSI + — OBÁ — | 3) OXUM + — OXUMARÉ — | 4) XANGÔ + — IANSÃ — | 5) OGUM + — OROINÁ — | 6) OBALUAIÊ — + NANÃ | 7) IEMANJÁ + — OMOLU — |

Aí temos isto:

| + + | − − | + − | + + | + + | + − | − + |
| − − | + + | − + | − − | − − | − + | + − |

Onde:

1º par: Oxalá é masculino e passivo.
1º par: Logunan é feminina e ativa.
2º par: Oxumaré é masculino e passivo.
2º par: Oxum é feminina e ativa.
3º par: Oxóssi é masculino e ativo.
3º par: Obá é feminina e passiva.
4º par: Xangô é masculino e passivo.
4º par: Iansã é feminina e ativa.
5º par: Ogum é masculino e passivo.
5º par: Oroiná é feminina e ativa.
6º par: Obaluaiê é masculino e ativo.
6º par: Nanã é feminina e passiva.
7º par: Omolu é masculino e ativo.
7º par: Iemanjá é feminina e passiva.

{ masculino = +
Feminino = −
Passivo = +
Ativo = −

Agora vamos interpretar o que escrevemos:

1º Par: Oxalá é cristalino, rege a fé e flui passivamente, não forçando ninguém a vivenciar a fé, pois só havendo aceitação do fiel, sua fé será de uma firmeza a toda prova. Já Logunan, seu polo oposto, pune todos quantos se afastarem da fé. Por isso ela é a temida senhora dos "Eguns" ou espíritos caídos, no sentido da fé.

2º Par: Oxum é mineral e rege a concepção. É ativa e energiza os seres estimulando-os a se unirem, pois só assim as concepções acontecem. A energia mineral pura é estimuladora do magnetismo que torna o macho e a fêmea atrativos um para o outro. Já Oxumaré é visto como o "arco-íris", pois ele apassiva essas energias de Oxum e as conduz para o alto (cabeça) mentalizando todo o potencial conceptivo e transformando a natureza íntima do ser, que se torna um protetor da concepção.

3º Par: Oxóssi é vegetal é rege o conhecimento. É ativo e estimula os seres a buscarem-no (caçador) onde ele for possível de ser encontrado. Já Obá é passiva e polo atrativo, pois fixa ou paralisa os seres num determinado ponto quando já absorveram muitos conhecimentos, ou os necessários para que se realizem como seres.

4º Par: Xangô é ígneo e rege a justiça. É passivo, pois a justiça tem que ser perene e imutável nos seus julgamentos. Ela não pode ter dois pesos ou duas medidas. Já Iansã é ativa e atua no sentido de estimular os seres a se movimentarem noutra direção quando a justiça os paralisou na que estavam se conduzindo de forma errada.

5º Par: Ogum é eólico, rege a lei e é passivo, pois a lei não pune ninguém. Apenas paralisa quem estiver agindo de forma contrária aos seus ditames: equilíbrio e harmonia em todos os sentidos. Já seu polo oposto, Oroiná, é ativa pois movimenta o fogo que purifica os sentidos e destrói os acúmulos energéticos negativos que estão estimulando um ser a agir "fora da lei".

6º Par: Obaluaiê é telúrico-aquático e ativo, pois estimula os seres a evoluírem, a superarem seus estágios evolutíveis e níveis conscienciais, buscando no saber os meios necessários a que tais coisas consigam. Já Nanã é aquática-telúrica e passiva, pois simbolizada pelo "lago" decanta os seres que estão sobrecarregados de "negativismos". As águas dos rios, revoltas por natureza, têm de desembocar num lago ou mangue onde, aquietando-se momentaneamente, se decantarão de todas as impurezas incorporadas no seu fluir contínuo, deixando que ao fundo elas venham a descer. Só assim, decantadas, as águas serão úteis.

Mas em uma outra interpretação, encontramos Nanã como o mistério divino que atua nos espíritos que serão conduzidos ao reencarne, mas ainda se encontram muito "negativos". Ela, o mistério Nanã, paralisa momentaneamente esses negativismos, senão a maternidade não será possível.

Aqui um parênteses: (Oxum estimula a concepção, Nanã decanta os espíritos que serão concebidos e Iemanjá sustenta a maternidade ou a geração de vida. Elas, as Yabas, são mistérios em si mesmas e as encontramos, cada uma delas, na linha da água (geração), cuidando de uma etapa de todo o processo reencarnatório).

Oxum estimula a gestação para que as concepções aconteçam.

Nanã decanta os espíritos (prepara-os) para que reencarnem.

Iemanjá sustenta a maternidade para que a vida aconteça na maior harmonia e equilíbrio possíveis.

Cada uma delas atua num "momento" ou estágio da linha de força responsável pela geração. Mas todas são divindades naturais com múltiplas atribuições, pois atuam nas sete linhas de forças da Coroa Divina. Nós não entendemos as codificações que colocam Oxum e Nanã como "caboclas" de Iemanjá.

Quem se dispuser a escrever sobre mistérios, antes deve estudá-los a fundo, munir-se de bom senso, perspicácia e uma visão precisa dos mitos e lendas, caso não queira cometer erros tão primários e inaceitáveis nos níveis superiores da espiritualidade.

As lendas e os mitos construídos acerca das divindades, todos afins entre si, estão de alguma forma nos revelando alguns dos seus atributos e atribuições. Em um nível as encontramos com uma qualidade e em outro já as encontramos com outra, que lhes facultam novos atributos e mais abrangentes atribuições).

Bem, voltamos às interpretações dos pares vibratórios.

7º Par: Iemanjá, aquática por natureza, rege a geração e sustenta todas as manifestações da vida em todos os níveis. Já seu polo oposto, que é seu par energomagnético, é simbolizado pela "morte", pois Omolu atua justamente nos "momentos" do ser em que ele se encontra paralisado na "vida". Encontramos Omolu no campo-santo (cemitério), pois mais simbólico que ele não existe: É o campo da morte!.

Devemos meditar muito acerca das naturezas que animam os dois polos de uma mesma linha de força, pois, se no alto (polo irradiante) está Iemanjá regendo a geração, no embaixo (polo atrator) está Omolu regendo os seres que se afastaram da "vida" e estão vibrando sentimentos "mórbidos".

Cada polo oposto significa exatamente isso: o oposto!

Iemanjá é amada como a mãe generosa e Omolu é temido como o pai rigoroso. São dois polos de uma mesma linha de força irradiada pelo Orixá essencial que sustenta a "geração" e está assentado na Coroa Regente Planetária com uma das sete manifestações essenciais do Divino Criador.

Orixás Ancestrais
(Telas Mentais Divinas)

Com a permissão e a inspiração do amado Li-Mahi-Am-Seri-yê.

Por Orixás ancestrais entendemos as divindades por onde Olorum flui o tempo todo e durante todo o tempo, manifestando-se a todos e em todos os níveis, por inteiro e em todos os sentidos.

Os Orixás ancestrais não são divindades naturais, como é comum idealizá-los nas codificações mais terrenas ou em níveis humanos.

O ancestral não é um ente em si mesmo, mas tão somente um "estado" do Divino Criador.

Num sentido nós vislumbramos Olorum no cristal, em outro nós o vislumbramos no vegetal, etc.

São só estados do Criador, e nada mais nos atrevemos a idealizar acerca dos Orixás ancestrais.

Como são sete as essências que formam o Setenário Sagrado, e sete tronos essenciais formam a Coroa Divina, então temos os sete Orixás ancestrais, ou os senhores do alto do Altíssimo, aos quais estamos ligados, pois por meio de uma dessas sete essências nós temos evoluído.

Fomos gerados pelo Divino Criador numa de Suas sete essências ou manifestações e, no decorrer dos tempos, temos vivenciado estágios evolutivos que nos facultaram ou facultarão a incorporação de todas as outras seis essências, pois só tendo-as em nós mesmos e vibrando-as a partir de nosso íntimo, em harmonia e equilíbrio, ao alto do Altíssimo ascenderemos.

Nós os chamamos de Orixás ancestrais, pois eles, "hierarquicamente", são anteriores e superiores aos Orixás naturais regentes das muitas dimensões da vida neste nosso abençoado planeta "Terra".

Os Orixás ancestrais só se manifestam nos seres ou são identificados neles de dentro para fora".

Entendam isso assim: todos nós temos uma "semente" original que denominamos de "mental".

Esta semente tem o formato ovalado e na literatura espírita é chamado de "ovoide".

Este ovoide tem poros especiais pelos quais capta as essências puras (originais) que circulam em todos os níveis vibratórios. Mas, através de cordões invisíveis, o ser mental também é alimentado pelos Orixás essenciais assentados na Coroa Divina, pois a ela, mentalmente, todos os seres estão ligados.

Através desses cordões, invisíveis à visão comum, os Orixás ancestrais vibram "dentro" da semente original de cada ser.

Por isso é que um ser, ao se concentrar e orar ao Criador movido pela fé inquebrantável, sente-se inundado de eflúvios (essências) divinas.

Os Orixás essenciais atuam em um ser de "dentro" para fora. E isto tanto é verdade que, quando querem estimulá-lo, tornam-no mentalmente ativo e, quando não, paralisam-no mentalmente, anulam-no ou neutralizam-no em algum dos sentidos.

Aí, neste comentário, tem-se a explicação do porquê de alguns médiuns terem uma fé que remove "montanhas" sem saber praticamente nada sobre o poder dos Orixás sagrados. Apenas têm fé, confiam, acreditam, e tudo acontece.

Já outros, que sabem tudo sobre os Orixás e os conhecem muito, no aspecto "fé" não movimentam nem uma só pedrinha, só conseguindo-o por meio do ensino doutrinário.

Nos primeiros, seus ancestrais estão atuando através da Fé, e nos segundos, a atuação acontece através do conhecimento que, em seu devido nível, remove montanhas e opera verdadeiros milagres, pois retira da "paralisia do raciocínio" seres petrificados no tempo e paralisados em suas capacidades de "aprenderem".

Cada coisa só é devidamente analisada se conhecemos o porquê de elas acontecerem como acontecem. Principalmente no campo das faculdades mediúnicas.

Quem tentar intelectualizar seu dom curador, certamente o enfraquecerá. E quem tentar "fanatizar" (fé) seu dom de fluir conhecimentos, certamente o petrificará em si mesmo.

Tudo em um ser humano ou ocorre naturalmente ou descaracteriza-se e anula-se.

Se assim é, isso se deve a essa atuação "invisível" e incognoscível dos Orixás ancestrais, que não são uma entidade em si mesmos, mas sim mentais essenciais planetários e multidimensionais, que estão em tudo, em todos, o tempo todo e durante todo o tempo.

Suas telas planetárias mentais alcançam todos os níveis vibratórios, desde o alto até o embaixo.

Atuam sempre do mesmo jeito, em tudo e em todos, não importa se seja um sábio ou um ignorante; se seja um religioso fervoroso ou um ateu.

Elucubrações à parte, o fato é que os Orixás ancestrais, estes sim, são os donos da cabeça dos filhos de santo e filhos de fé.

Ele, o Orixá ancestral, é a ligação direta do filho com o "PAI", ou melhor colocando: com o alto do Altíssimo, onde os Tronos regentes estão assentados.

Sete são as manifestações Divinas assentadas na Coroa Regente planetária.

Sete são os Tronos regentes do todo planetário.

Sete são os Orixás essenciais:

1 – Orixá ancestral cristalino;
2 – Orixá ancestral mineral;
3 – Orixá ancestral vegetal;
4 – Orixá ancestral ígneo;
5 – Orixá ancestral aéreo;
6 – Orixá ancestral telúrico;
7 – Orixá ancestral aquático.

O método que usam para identificar o Orixá de uma pessoa (data do nascimento) está incompleto, pois nascimento indica o emocional de um ser.

Atentem para isto:
A numerologia atua através das deduções (raciocínio).
A astrologia atua através das vibrações (ciclos).
A simbologia atua através das comparações (analogias).
A quiromancia atua através das adivinhações (percepções).
Os búzios atuam através das revelações (ancestralidades).

E as datas astrológicas são "momentos" na vida de um ser que, no decorrer do tempo, sofrem transformações.

Por isso a data de nascimento é um momento especial.

E os Orixás ancestrais estão ligados aos seres através de seus mentais que são indestrutíveis e eternos. São as sementes Divinas que todos nós possuímos.

Logo, não será a data de nascimento de alguém que irá indicar-lhe qual é o seu Orixá regente.

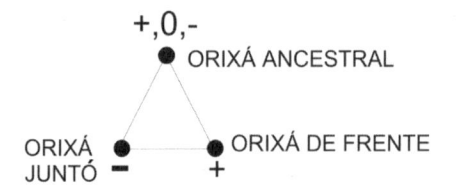

```
                    +,0,-
                   ● ORIXÁ ANCESTRAL


     ORIXÁ  ●          ● ORIXÁ DE FRENTE
     JUNTÓ  ─          +
```

Orixá auxiliar, ou juntó, ou equilibrador, pois se o ancestral for essência ativa (+ -), o Orixá de frente será passivo e o juntó será neutralizador.

Ou se o Orixá ancestral for neutro (+), o Orixá de frente, se for ativo, o juntó será passivo, ou se o de frente for passivo, o juntó será ativo.

Enfim, o triângulo de força rege a vida de todos, médiuns ou não, pois isso é comum a todos os seres humanos.

Isso explica por que alguém que não é umbandista, não é "médium", mas ao tirar os búzios, descobre que é "filho" desse ou daquele Orixá.

Os búzios indicam a qual das sete essências está ligada a pessoa. E se verdadeiro "mão de ifá" for o jogador de búzios, verdadeira será a identificação.

Agora, aqueles que aprendem em cursos ministrados fora de todo um contexto religioso regido pelos Orixás, bom, aí impera muito a intuição ou a adivinhação. E búzios não é

nem intuição nem adivinhação! "Búzios é a "revelação", e são regidos pelo mistério Divino "ifá".
Meditem e reflitam sobre isso.
Bom, adentremos agora nos Orixás ancestrais, que são telas mentais refletoras de todos os acontecimentos.
Olorum não é uma entidade ou ente, mas sim o Divino Criador.
Toda entidade é um ser, e um ente tanto pode ser um ser explicado ou não.
Olorum atua em tudo e em todos, o tempo todo, em todos os "sentidos", durante todo o tempo.
Com isso dito, tudo o que está acontecendo no momento em que escrevo no papel esses comentários, está se refletindo nas telas refletoras sustentadas mentalmente pelos Orixás ancestrais.
Cada palavra idealizada e fixada no papel está refletindo em um determinado nível vibratório e acoando nas sete telas planetárias, que permeiam o exterior até dos pensamentos, mas que são refletidos a partir das vibrações que estão sendo emitidas pelo meu mental, inspirado neste momento por um mental superior (o do amado mestre Li-mahí-an-seri-yê), que está me inspirando e orientando na fixação de conhecimentos ocultos sobre os sagrados Orixás.
Nem uma vírgula aqui colocada deixa de ser captada pelo nível vibratório, aqui comigo, que a reflete e a fixa nas telas planetárias, onde vibrará por todo o sempre ou até que o próprio Senhor do Tempo a apague de suas telas refletoras.
Com isso estamos dizendo que toda e qualquer ação, ocorra ela em qualquer nível ou sentido, será refletida nas telas planetárias, e lá ficarão "gravadas".
Isso que dizem que, atuando de "dentro" para fora, se uma ação praticada for positiva (equilíbrio e harmonia), o Orixá ancestral irradia no "retorno" mais essências que estimularão o ser a expandir seu campo de ação ou o fortalece na que está se desenvolvendo.
Mas, se o reflexo for negativo, o retorno se processará inversamente, pois será negativo, contrário, ou anulador da ação indicada, já que ela provoca desequilíbrio e desarmonia.
A atuação mental do Orixá ancestral alcança diretamente a "consciência" do ser e, ou o eleva de nível vibratório, ou o rebaixa.

A elevação proporciona ao ser um campo de ação cada vez mais abrangente. O rebaixamento atua em sentido inverso e vai restringindo cada vez mais o campo de ação do ser. E pode chegar a um ponto que o ser só deseja uma única coisa. E, em um outro sentido, a típica auto-obsessão.

Mas tudo isso é a atuação de dentro para fora realizada mentalmente pelos Orixás ancestrais, os responsáveis pelas telas refletoras planetárias ou telas essenciais multidimensionais.

Eis mais uma vez o Setenário Sagrado:

1º – Tela Mental refletora — cristalina — reflete a religiosidade em todos os seus aspectos (Fé).

2º – Tela Mental refletora — mineral — reflete a concepção em todos os seus aspectos (Amor).

3º – Tela Mental refletora — vegetal — reflete o conhecimento em todos os seus aspectos (Conhecimento).

4º – Tela Mental refletora — ígnea — reflete a justiça em todos os seus aspectos (Saber).

5º – Tela Mental refletora — aérea ou eólica — reflete a evolução, a ordem em todos os seus aspectos (Lei).

6º – Tela Mental refletora — terrena — reflete a evolução em todos os seus aspectos (Saber).

7º – Tela Mental refletora — aquática — reflete a geração em todos os seus aspectos (Vida).

Não vamos numerar os múltiplos aspectos onde cada essência se manifesta ou os reflete, mas vamos fixar um em cada uma das telas para que entendam como atuam os sagrados Orixás ancestrais, que são as próprias telas, por atribuições Divinas.

Tela Mental Cristalina — "Fé"

Este Orixá excelso, pois é de natureza Divina, tem como "qualidade" estar em tudo e em todos o tempo todo e durante todo o tempo.

Tem como atributo captar todas as vibrações e irradiações religiosas.

Tem como atribuição, após captá-las nos seres, a estimulação ou paralisação ou sua anulação.

Se positivas (harmônicas e equilibradas), será o regente do polo positivo (Oxalá) que atuará no retorno, estimulado o ser "internamente" para fortalecê-lo ainda mais em sua religiosidade e nas ações iniciadas a partir de sua fé interior.

Se negativas (desarmônicas e desequilibradas), será a regente do polo negativo (Logunan) que atuará no retorno, anulando a religiosidade no ser e paralisando suas ações para que elas não tenham continuidade (continuem a refletir no tempo).

Este simples exemplo, esperamos que sirva para que meditem porque Oxalá é tão amado e Logunan é tão temida pelos seus cultuadores no Ritual Africano puro. Assim, também, que sirva para que identifiquem em outros exemplos, quando um ou outro dos polos da linha de força da fé está atuando em alguém, mas de dentro para fora.

Oxalá atua no mental dos seres e desperta o interesse pelas coisas religiosas, e é o amor religioso.

Logunan atua no mental dos seres e anula o fanatismo religioso negativo e a fé segregadora.

Enfim, temos de observar qual dos polos energomagnéticos está atuando em um ser, e, após isso observado, prestar atenção, pois, como comentamos no capítulo anterior, mesmo uma linha tem dupla natureza.

Assim, do polo positivo da tela da Fé saem duas irradiações: uma que flui no sentido de fortalecer a fé no ser (amor religioso) e outra que o afasta da religiosidade e o direciona em outro sentido (conhecimento, lei, justiça, etc.), pois é isso que acontece com os seres humanos: uns amam as coisas religiosas, outros amam a lei, a justiça, o conhecimento, etc.

Já do polo negativo saem duas irradiações: uma flui no sentido de enfraquecer a fé no ser se ele está cometendo erros em nome dos Orixás que cultua, outra flui no sentido de estimular a Fé, levando-o a tornar-se um religioso fervoroso que vive intensamente a sua religiosidade.

Isso é a ação do Orixá ancestral, excelso por sua natureza Divina, e que atua de dentro para fora nos seres. Sua atuação é mental, pois as telas refletoras são mentais, essenciais e divinas por excelência.

Não são entes ou entidades, mas sim mentais essenciais Divinos que estão, externamente, permeando tudo e todos, e por dentro atuando em tudo e em todos, o tempo todo e durante todo o tempo.

Tela Mental Mineral — "Amor"

Este Orixá excelso, pois é de natureza divina, tem como qualidade estar em tudo e em todos o tempo todo e durante todo o tempo.

Tem como atributo captar as vibrações e as irradiações de amor.

Se são positivas, no retorno o ser recebe um fluxo da essência mineral que o fortalece ainda mais em suas vibrações e abre o campo por onde estão fluindo suas irradiações de amor.

Se são negativas, no retorno o ser recebe um fluxo que o torna apático e desinteressado em qualquer tipo de união.

No polo positivo, Oxum é ativada.

No polo negativo, Oxumaré é ativado.

Observem que simplificamos para uma melhor compreensão.

Oxum também rege duas linhas de ação. A positiva estimula o amor (casamento, concepção). Já a negativa anula o "desejo" de casar-se e de ter filhos. Mas isso só é mais um dos múltiplos aspectos da vida dos seres onde ela atua. O próprio desejo de "concebermos" este livro está sendo estimulado por um fluxo essencial irradiado por ela, a Senhora da Concepção.

Já Oxumaré atua a partir do polo negativo da tela mineral e tem duas linhas de ação: a positiva direciona o ser no rumo da união cujo objetivo é a concepção, e a negativa afasta e isola o ser impedindo com isso que ele venha a "conceber" males ou maldades.

Enfim, cada tela, segundo sua natureza e finalidade, tem seu meio de atuar de dentro para fora em um ser, estimulando-o ou paralisando-o

Tela Mental Vegetal — "Conhecimento"

Este Orixá essencial tem como qualidade estar em tudo e em todos o tempo todo e durante todo o tempo.

Tem como atributo captar todas as vibrações e irradiações do "conhecimento (raciocínio)".

Se forem positivas (harmônicas e equilibradas), será (Oxóssi) o seu polo positivo que atuará. O mito "caçador" aqui é interpretado como aquele que busca, procura ou "caça" o conhecimento.

Se forem negativas (desarmônicas e desequilibradas), será o polo negativo que será ativado, paralisando o sentido do conhecimento, que é o raciocínio, e com isso o ser desinteressa-se por qualquer tipo de conhecimento, assim como vai "desaprendendo" os que já dominava.

Vamos a um exemplo simples:

Um ser está vibrando insatisfação com a qualidade do seu conhecimento pessoal e está irradiando o desejo de aprimorá-lo. O Orixá ancestral, num retorno, ativa seu polo positivo (Oxóssi, o caçador) e o estimula a movimentar-se e buscar o que deseja.

Porém, se o conhecimento pessoal de um ser o está desequilibrando e desarmonizando quem vive à sua volta, então o polo negativo é ativado e o ser começa a sofrer certa dificuldade em recorrer ao seu vasto conhecimento que vinha usando para iludir ou enganar seus semelhantes, que em boa fé nele confiavam.

Oxóssi, como já comentamos, também irradia duas linhas de ação: uma estimula o ser a buscar o conhecimento e a outra a usar o que já sabe em benefício da coletividade. O médico é bom exemplo do "conhecimento medicinal". O "Teólogo" de qualquer formação é outro exemplo da atuação de Oxóssi no sentido da fé (essência cristalina), pois nós já comentamos que cada um dos Orixás naturais atuam (manipulam) as sete essências. Correto?

Então entendam os casos a que recorremos apenas como exemplos de como ocorrem as atuações de "dentro para fora", quando um dos polos (Orixás) de uma linha de força é ativado pela tela refletora correspondente.

Obá é estimulada a atuar em um ser e também possui duas linhas de ação (modos de atuar). Uma afixa o ser numa linha de conhecimento e ali o retém até que recupere seu equilíbrio interno e possa absorver outros. Já em sua linha negativa, se for preciso, para conter um ser que recorre aos seus conhecimentos para prejudicar seus semelhantes, até pode levá-lo a uma intensa paralisia mental ou a um desequilíbrio tão intenso que o ser será tachado de caduco, lunático, etc.

As formas de atuação são muitas e abrangem todos os níveis evolutivos. Por isso recorremos somente a exemplos simples, pois com uma ideia mais ou menos compreendida de como tudo se processa, fica mais fácil a compreensão das telas refletoras, que não são entes ou entidades, mas sim mentais excelsos que, no Ritual de Umbanda Sagrada, chamamos de Orixás ancestrais, pois são essências divinas que atuam por "dentro" em todos durante todo o tempo.

Tela Mental Ígnea — "Justiça"

Este Orixá essencial tem como qualidade estar em tudo e em todos o tempo todo, e durante todo o tempo.

Pela tela planetária da Justiça Divina flui a essência ígnea que aquece os corações e faz com que os seres vibrem sentimentos "justos".

Tem como atribuição captar as vibrações e irradiações relacionadas com o "juízo".

Se são positivas, no retorno o ser recebe um fluxo da essência ígnea que o "aquece" e o estimula a agir com mais intensidade através da razão. É o polo positivo Xangô atuando no ser.

Porém, se são negativas, então o polo negativo é ativado e é o "ar" Iansã que esfria o mental do ser e enfraquece-o, afastando-o, paralisando-o ou mesmo anulando-o na emissão de juízos falsos ou injustos.

Observem que Xangô é ígneo e Iansã é eólica (a essência que ocupa o espaço vazio do "Tempo" mental).

Neste par energomagnético, Xangô é passivo e Iansã é ativa; Xangô é o fogo que aquece e Iansã é o ar que abaixa a temperatura; Xangô irradia fogo e Iansã, não fornecendo o ar, anula a irradiação ígnea.

Tudo tem de ser interpretado corretamente, senão não se consegue identificar a real função de cada um dos Orixás.

Por isso, se Xangô é ativado, seu polo energomagnético ativo (Iansã, ar) lhe fornecerá "oxigênio" suficiente para que o fogo cresça e o calor aumente, aquecendo o ser. Mas, se o inverso ocorrer e o ser estiver em desequilíbrio e desarmonia, então o polo Xangô se recolhe (retira o calor) e o polo negativo Iansã (eólica por excelência) o esfria até "congelá-lo", paralisando-o, neutralizando-o ou anulando-o.

Tudo se resume em estudar as qualidades, atributos e atribuições de cada Orixá, pois só assim interpretarão corretamente por que uns são ativos e outros passivos; uns são positivos e outros são negativos, etc.

Os Orixás ancestrais, os mentais planetários multidimensionais, atuam nas essências e unicamente de dentro para fora. E se servem dos Orixás classificados em masculinos ou femininos, positivos ou negativos; ativos ou passivos; e universais ou cósmicos, para alcançarem todos nós, os seres humanos.

Xangô, se estiver atuando na sua linha positiva, estimula (aquece) ainda mais o ser que na justiça está agindo com equilíbrio e harmonia e, com isso, expande o seu campo de ação.

Mas, se o ser estiver atuando injustamente, Xangô deixa de enviar suas irradiações essenciais ígneas, e o campo de ação do ser vai se contraindo até que todo o "calor" deixa de fluir e "aquecê-lo" intimamente.

Só isso já é suficiente para que o ar, frio por excelência, congele e paralise o juízo injusto que estava desequilibrando pessoas.

Já no caso do polo negativo do Orixá ancestral do fogo, se o ser estiver agindo com muita frieza, Iansã irradia um fluxo que possibilitará ao fogo de Xangô expandir-se no interior do seu mental e "aquecer" seus juízos.

Mas, se ela estiver atuando no sentido de paralisar ou anular um ser julgado "injusto", então o esfria com tanta intensidade que altera todo o seu comportamento e logo, em vez de julgar, o ser se julgará um injustiçado e clamará por justiça, coisa que ele não concedia aos seus semelhantes.

Um parênteses: polo energomagnético significa forma de atuar a partir da essência ou linha de força.

A linha de força "ígnea" é a essência divina que "aquece" a vida e vivifica os seres. Assim, na linha de força ígnea, no polo de Xangô está a "chama" e no de Iansã está o "oxigênio", que é o alimentador ou anulador do fogo, pois assim como uma fogueira precisa de lenha (Oxóssi) para sustentar as chamas, estas precisam dele para que a combustão aconteça, pois ele é o combustível que possibilita a propagação das chamas. Tire-se o oxigênio (Iansã) e mesmo com combustível sólido em abundância (Oxóssi), o fogo (Xangô) apaga-se. E se muito ar (Iansã) ventar sobre uma chama, ela também se apagará.

Portanto, par energomagnético é o seguinte: num dos polos de uma linha de forças está um Orixá, no caso Xangô (ígneo), no outro está Iansã (eólica), que pode apagá-lo ou expandi-lo. E o inverso também ocorre, pois Xangô (fogo) tanto pode aquecer o meio (tempo), como retirar seu calor e esfriá-lo (Iansã).

Um precisa do outro, mas também pode anulá-lo, neutralizá-lo ou expandi-lo.

Isso é polo energomagnético, pois os opostos tanto se anulam como se alimentam, quanto se neutralizam.

Em teurgia, chamamos os processos teúrgicos de processos energomagnéticos, pois ativamos um polo de uma linha de fora para que ele, divino por excelência, nos auxilie atuando de dentro para fora.

Teurgia é ativar um polo energomagnético.

Magia é ativar uma linha de forças irradiada por um dos dois polos energomagnéticos, que atuará tanto no mental (atuação passiva) quanto no emocional (atuação ativa).

Já nas chamadas "magias negras" a atuação é de fora para dentro e desequilibra o ser atingindo-o no corpo físico, emocional, energético ou mental, provocando tormentos ou doenças que visam a enfraquecer as energias e a desequilibrar o racional do ser.

Em teurgia movimenta-se as essências ou poderes divinos. Em magia movimenta-se as energias ou linhas de ação espiritual.

Continuando com essas explicações, temos a esclarecer que, se pares energomagnéticos são os polos opostos de uma linha de força irradiada por um Trono da Coroa Divina, "par" vibratório é exatamente o contrário, pois um completa o outro.

Assim, na linha ígnea pura, Xangô é o polo positivo, pois é o fogo que aquece, e Kali-yê (Oroiná) é o polo negativo, pois é o fogo que consome.

Xangô estimula os seres que vibram sentimentos nobres (positivos).

Kali-yê pune os seres que vibram os sentimentos viciados (negativos).

Xangô forma com Oroiná um par vibratório elemental, pois um é o positivo e o outro é o negativo numa mesma essência, ou "elemento".

Se Oroiná forma o par vibratório ígneo com Xangô, no entanto, ela forma com Ogum um polo energomagnético, pois seu fogo consome o ar de Ogum, assim como Ogum pode apagar o fogo de Oroiná, sufocando-o, ou enviando-lhe tanto ar, que o apaga. Isso é par energomagnético.

Já Ogum forma um par vibratório elemental com Iansã, pois ele é o ar que ordena e ela é o ar que direciona.

Ogum atua no polo passivo (mental), e Iansã atua no polo ativo (emocional).

Desenvolvendo um pouco mais a questão dos pares, e nos centrando em Ogum, o encontramos formando par energético com a água (Iemanjá).

Sim, as essências água e ar formam um par energético, e tanto isso é verdade que a substância água é uma combinação de átomos de oxigênio e hidrogênio (H_2O). Mas isso já num nível vibratório denso (matéria).

Centrando-nos em Ogum, temos ele formando pares em três sentidos:

1º – Par energomagnético – Ogum (ar +) e Oroiná (fogo -)
2º – Par elemental – Ogum (ar +) e Iansã (ar -)
3º – Par energético – Ogum (ar -) e Iemanjá (água +)

Isso em nível de essências, entendido?

Aí temos isto:

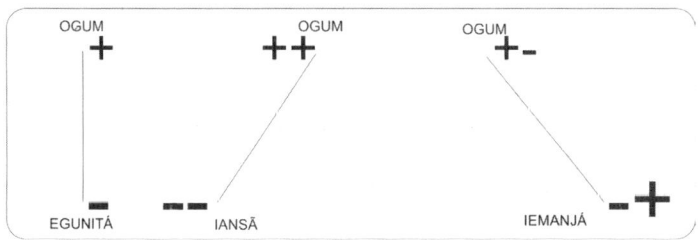

```
OGUM            OGUM           OGUM
 +              + +             + -



 − −            − −                     − +
EGUNITÁ         IANSÃ                  IEMANJÁ
```

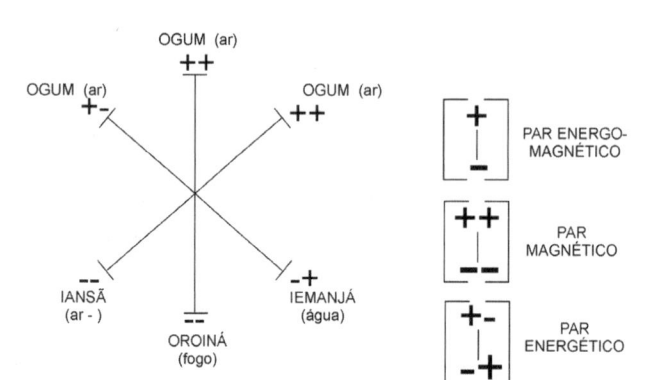

Que no cruzamento das linhas nos fornece esta formação:

```
         OGUM (ar)
            ++
OGUM (ar)   ┬         OGUM (ar)
   +-  \    │    /    ++
        \   │   /
         \  │  /              ┌─────┐
          \ │ /               │  +  │
           \│/                │  │  │    PAR ENERGO-
           /│\                │  ─  │    MAGNÉTICO
          / │ \               └─────┘
         /  │  \
        /   │   \             ┌─────┐
   --  /    │    \  -+        │ ++  │
IANSÃ        ┴       IEMANJÁ  │  │  │    PAR
(ar - )     ══       (água)   │ ──  │    MAGNÉTICO
          OROINÁ              └─────┘
          (fogo)
                              ┌─────┐
                              │ +-  │
                              │  │  │    PAR
                              │ -+  │    ENERGÉTICO
                              └─────┘
```

Com isso explicado, esperamos ter auxiliado a compreensão dos pares, diferenciando os Orixás ancestrais, que são telas mentais refletoras e atuam por meio das linhas de forças e ativam pares "energomagnéticos", cujas polaridades são de naturezas opostas que tanto se estimulam quanto se anulam. Pois a função dos mentais planetários é justamente esta: atuar por dentro dos seres, ora estimulando-os, ora paralisando-os, ora expandindo-os ou até mesmo neutralizando-os totalmente. E se tudo isso fazemos questão de explicar demoradamente, é porque através das telas refletoras de todos os nossos pensamentos e ações que Olorum atua sobre nós o tempo todo e durante todo o tempo.

Tela Mental Eólica — "Lei"

Este Orixá essencial tem como qualidade estar em tudo e em todos o tempo todo e durante todo o tempo.

Tem como atributo captar todas as vibrações e irradiações mentais dos seres e como atribuição, após captá-las, estimulá-las, anulá-las ou paralisá-las.

Se são positivas, será o polo positivo (Ogum) que será ativado no retorno, estimulando o ser de dentro para fora, fortalecendo-o ainda mais em sua ordenação e nas ações amparadas pela lei, pois visam a ordenar processos ou procedimentos caóticos, desequilibradores e desarmonizantes.

Se são negativas, então a tela refletora do Orixá ancestral da lei ativará seu polo negativo (Kali-yê ou Oroiná) que, atuando no retorno, internamente, anulará ou neutralizará as iniciativas do ser envolvido em processos desordenadores ou caóticos.

Observem que, desde o início de nossos comentários, temos classificado Ogum como análogo à essência eólica, ainda que já tenhamos dito que todo Orixá é manipulador das sete essências. Mas, se optamos por Ogum, é porque ele é eólico por excelência divina e, num outro nível de conhecimentos e ordenação das divindades, nós o encontramos como o "guardião" excelso do "fogo divino".

Neste outro nível de ordenação, ainda não aberto aos espíritos encarnados, ele é o guardião sagrado "iá-fer-ag-ii-m-iór-hesh-yê", ou "Sagrado Guardião Celestial da Luz e do Poder do Mistério Fogo Divino". Esta é a tradução literal de seu nome mântrico na língua cristalina, divina por excelência e ancestralidade.

O fato é que neste nível de conhecimento, Ogum, como o encontramos explicado e ensinado, é uma divindade que está assentada na Coroa Regente Planetária como o responsável pela guarda dos mistérios do Fogo Divino, sendo ele o manipulador e movimentador da essência ígnea nos processos ordenadores.

Já Kali-yê é em si mesma um mistério ígneo, pois é fogo cósmico devorador (negativo e ativo).

Kali-yê no panteão Hindu está muito bem explicada, pois ali ela é uma divindade muito ativa, temida e adorada devido às suas qualidades, atributos (fogo da destruição ou purificação) e atribuições (consumir os vícios e imperfeições).

Kali-yê, por analogia, é encontrada no panteão africano com a Iansã do fogo "Oroiná", ainda que talvez estas qualidades de Oroiná, nem seus próprios filhos no culto puro aos Orixás sabiam disso.

Nós sabemos disso por termos acesso "mental" com a própria Kali-yê, senhora do Fogo Cósmico, e com a sagrada "Oroiná", senhora do fogo que purifica os espíritos.

Enfim, são tantos conhecimentos acerca das divindades que só os que temos daria um livro gigantesco. Por isso temos de comentar superficialmente, para que possam ir ordenando em vossas mentes que as "sete linhas de Umbanda" não são realmente como até agora as têm descrito os que por elas se interessaram.

Nós, os M...L..., estivemos na fundação do Ritual de Umbanda Sagrada em solo brasileiro, estamos atuando intensamente desde então, e se for da vontade dos sagrados Orixás, nela atuaremos por todo o sempre.

Por isso, não estranhem se nossos conhecimentos e ensinamentos, às vezes, se chocam com os que têm fluído no meio umbandista. Nós abordamos os sagrados Orixás a partir do alto do Altíssimo, enquanto muitos dos escritos já fixados no meio umbandista o fazem de baixo para cima.

E isso, repetimos, não é o melhor modo de se ordenar uma religião, pois atribuem aos regente planetários (Orixás ancestrais) os mesmos conceitos que possuem os Orixás atuando em níveis vibratórios específicos da natureza.

O Sagrado Guardião Celestial dos mistérios do Fogo Divino (Agiim) é um mistério em si mesmo, pois, na "terra", ele movimenta o fogo interno que aquece o todo planetário; na "água", ele movimenta o calor que pode aquecê-la ou dela retira o calor e a resfria.

Enfim, Ogum, explicado a nós em seus níveis regentes, tanto pode ser entendido como o fogo em si mesmo como o seu guardião celestial, pois é seu movimentador excelso.

E o mesmo acontece com Iansã, que atua através do "ar", mas manipulando o mistério do fogo, ou como sendo portadora da essência ígnea em si mesma, quando a encontramos como "Oroiná".

Por isso tudo é que continuamos a advertir:

Quando um só jardineiro se mostra, não tenham dúvidas de que todos os outros estão por dentro... ou nele mesmo, pois um Orixá é um mistério divino por excelência e um mistério em si mesmo.

Nós, espíritos humanos, jamais conheceremos um mistério de dentro para fora, pois, se isso acontecer, por ele seremos absorvidos, e em mais um mistério em si mesmo nos tornaremos e nos fecharemos, tornando-nos impenetráveis.

Por isso temos de nos limitar unicamente aos conhecimentos que a nós o alto do Altíssimo nos abre ou nos permite que passemos adiante, ordenando um pouco os conhecimentos já existentes no meio umbandista. Mas não o fazemos recorrendo ao criacionismo abstracionista nem a ordenações sem fundamentos.

Apenas admitimos que onde um jardineiro se mostra, os outros estão por perto e, às vezes, estão nele mesmo.

E quanto a Ogum, que é um mistério em si mesmo, que manipula e movimenta o Fogo Divino, bem, nós o temos como mistério eólico por excelência e o mesmo dizemos de Iansã.

Tela Mental Telúrica — "Evolução"

Este Orixá essencial tem como qualidade estar em tudo e em todos o tempo todo e durante todo o tempo.

Tem como atributo dar forma e solidez a tudo e a todos.

Tem como atribuição velar pelos estágios evolutivos e captar todas as irradiações e vibrações evolucionistas.

Se são positivas, será o polo positivo (Obaluaiê) que será ativado no retorno, e um fluxo fortalecedor da essência telúrica será irradiado no ser, de dentro para fora, dando-lhe estabilidade e solidez para que estacione no nível onde suas ações estão acontecendo, ou para abrir-lhe novos campos onde possa evoluir.

Como todo polo tem duas linhas de ação, na positiva o campo evolutivo se abre e o saber expande-se alcançando níveis superiores da evolução. Na linha negativa, o campo se fecha e o saber se concentra e fixa em um único nível, tornando-se irredutível, tenaz, persistente, etc.

Porém, se forem negativas as vibrações e irradiações mentais dos seres, então o polo negativo (Nanã) será ativado pela tela planetária no retorno e o ser será submetido a um processo intenso de decantação que o enviará ao fundo da lagoa (lodo), onde estacionará no limbo que criou para si mesmo e irradiou nos seus semelhantes.

No polo positivo está Obaluaiê e no negativo, Nanã, pois terra e água tanto alimentam-se como anulam-se num processo energomagnético.

E também, onde um termina o outro começa.

Mas o correto neste par energomagnético é que ambos atuam na evolução dos seres com muita intensidade e ambos são vistos através das lendas e mitos como os Orixás velhos (sábios), maduros, equilibrados, livres do emocionalismo que permeia a "vida" de todos os outros.

Isso precisa ser interpretado de vários modos, pois o espírito só evolui se despir-se de toda emotividade.

Tela Mental Aquática — "Geração"

Este Orixá essencial tem como qualidade estar em tudo e em todos o tempo todo e durante todo o tempo.

Tem como atributo estimular a geração.

Tem como atribuição captar todas as irradiações e vibrações mentais geradoras vibradas pelos seres.

Se forem positivas, será o polo positivo (Iemanjá) que no retorno atuará intensamente na vida do ser, estimulando-o de dentro para fora com um fluxo de essência aquática, geracionista por excelência divina.

Se forem negativas, será o polo negativo (Omolu) que no retorno atuará intensamente na vida do ser e o paralisará ou anulará, pois suas ações estão anulando a "vida" em seus semelhantes ou em si mesmo.

No polo positivo da linha de força irradiada pelo Trono da Geração está assentada Iemanjá, a mãe da vida.

No polo negativo está assentado Omolu, o senhor da terra.

Não vamos nos alongar mais nos comentários, pois por meio das outras telas essenciais planetárias já abordamos aspectos que dão uma noção geral de como os Orixás ancestrais atuam, pois é a partir deles que as classificações assumem forma e surgem as divisões entre Orixás masculinos e femininos.

Passemos a uma ordenação rápida do que até aqui, de cima para baixo, já ordenamos.

Olorum

Olorum, o Divino Criador, está na origem, meio e fim de tudo e de todos.

Em Olorum tudo se inicia, se vivifica, se amolda e se desenvolve.

Olorum sustenta todas as suas criações o tempo todo e todo o tempo.

Olorum não tem forma plasmável, pois nele todas as formas são plasmadas. Ele é o plasmador divino.
Olorum não tem uma essência apenas, pois d'Ele todas as essências se originam. Ele é o radiador das essências.
Olorum é inconcebível, pois nele todas as concepções se sustentam. Ele é a própria concepção.
Enfim, Olorum é em si mesmo todos os mistérios, pois um mistério só é um mistério se em Olorum estiver por inteiro e em todos os sentidos, o tempo todo e durante todo o tempo. Um mistério só é vivo e atuante se irradiar Olorum de dentro para fora, pois Olorum é a essência de todos os mistérios.

Setenário Sagrado

Olorum, o senhor das essências, nos chega através de sete essências originais, principais, as quais identificamos como o Setenário Sagrado sustentador do todo planetário, além de outras essências, secundárias a nós, os seres. No Setenário Sagrado encontramos todos os fundamentos que sustentam a "vida" em todas as dimensões e níveis no nosso abençoado planeta.

A Coroa Regente do Planeta

Olorum nos chega como essências, pelas quais suas "vontades divinas" se manifestam a todos, durante todo o tempo e o tempo todo.

Essas essências (o Setenário Sagrado) formam a Coroa Regente das muitas dimensões da vida que formam o todo planetário. São, como os chamamos, os Tronos divinos do sagrado Olorum, através dos quais Ele, o Divino Criador, nos conduz rumo à vida eterna, que só n'Ele existe, pois Ele é eterno em Si mesmo.

Esses Tronos Divinos regem todos os aspectos da vida, na criação e nos seres.

Nós os denominamos de Orixás essenciais, e se manifestam em tudo e em todos o tempo todo e durante todo o tempo.

As Telas Mentais Planetárias

A Coroa Regente possui telas refletoras formadas por Orixás essenciais ancestrais, que, na verdade, são mentais planetários que captam todos os "pensamentos, atos e palavras" acontecendo em todos os níveis e dimensões, nada lhes escapando, pois abrangem tudo e abarcam tudo, desde o alto até o embaixo.

Dessas telas refletoras se servem os Tronos Regentes assentados na Coroa Divina para atuarem desde o macro até o micro, e tanto de dentro para fora quanto de fora para dentro, mas sempre em nível de essência.

Os senhores Orixás ancestrais estão ligados ao "Todo" e a todos por cordões invisíveis à nossa limitada visão espiritual, pois uma essência está para a energia humana na mesma proporção que o átomo está para o Sol.

As essências interpenetram tudo, inclusive o interior dos átomos, ou até mesmo das partículas que os formam.

Enfim, estão em tudo e em todos, e todos são permeados por elas, que envolvem a tudo e a todos o tempo todo e todo o tempo.

Os mentais planetários, ou telas refletoras, são os Orixás ancestrais, pois são manifestações essenciais e excelsas do Divino Criador.

Os Orixás ancestrais são os Orixás excelsos, e só a partir deles nos é possível visualizar diferenciações ou naturezas distintas entre si, pois assumem aspectos diferenciadores que nos permitem classificá-los segundo nossos parâmetros humanos. Mas mesmo assim são classificações limitadas, pois limitados nós somos.... em nós mesmos.

Nos Orixás temos nossas ascendências codificadas no interior de nossas sementes originais (nosso mental).

Com isso que já comentamos, podemos mostrar graficamente os desdobramentos que vêm ocorrendo do alto para baixo, ou do macro para o micro.

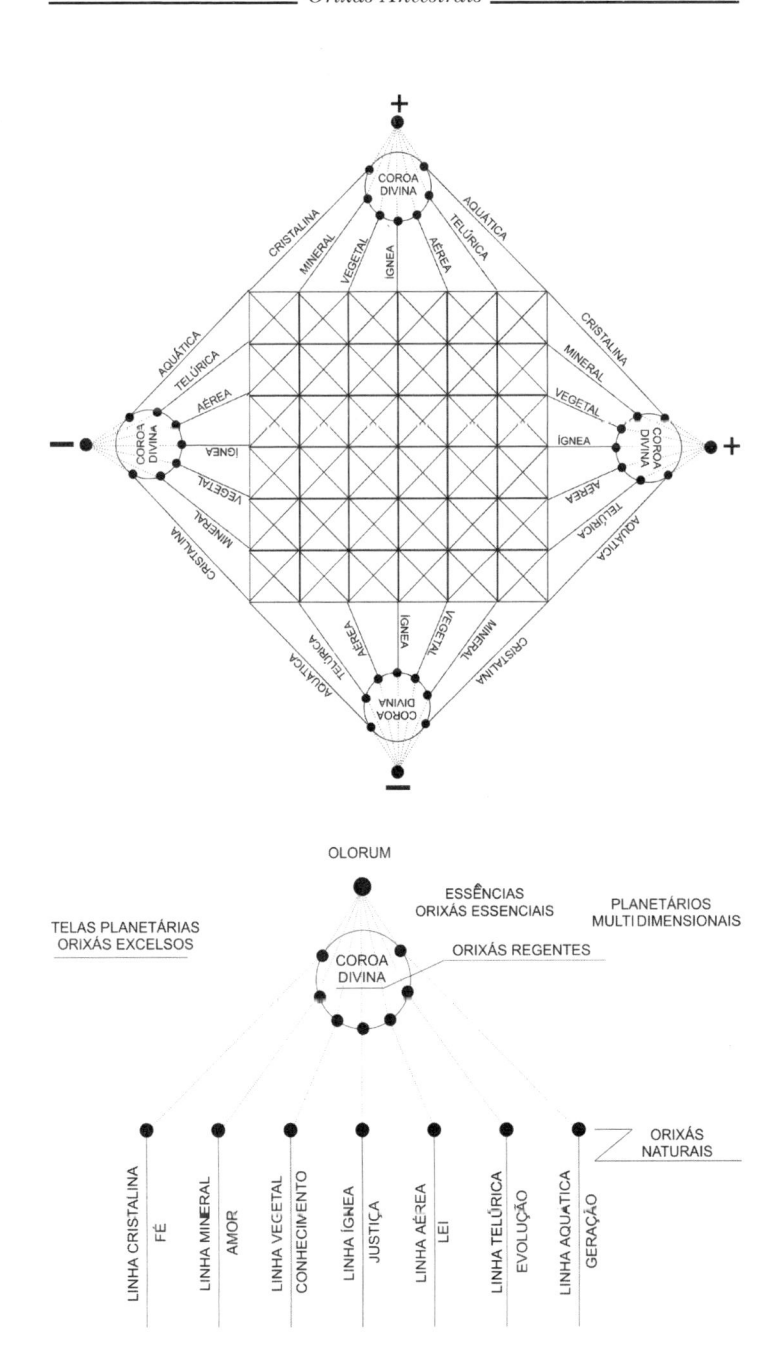

Orixás Ancestrais

TELAS PLANETÁRIAS
ORIXÁS EXCELSOS

OLORUM

ESSÊNCIAS
ORIXÁS ESSENCIAIS

PLANETÁRIOS
MULTI DIMENSIONAIS

COROA DIVINA

ORIXÁS REGENTES

ORIXÁS NATURAIS

LINHA CRISTALINA — FÉ
LINHA MINERAL — AMOR
LINHA VEGETAL — CONHECIMENTO
LINHA ÍGNEA — JUSTIÇA
LINHA AÉREA — LEI
LINHA TELÚRICA — EVOLUÇÃO
LINHA AQUATICA — GERAÇÃO

Aí temos sete linhas de forças, cada uma sustentando nas telas refletoras as vibrações originais dos Tronos Regentes Planetários (Orixás essenciais) assentados na Coroa Divina.

Através dessas linhas é formada a tela refletora planetária onde, num entrecruzamento, todas estão interligadas entre si através dos seus níveis vibratórios, formando em seus múltiplos pontos de entrecruzamentos os níveis onde, numa linha pura, as outras entram e atuam.

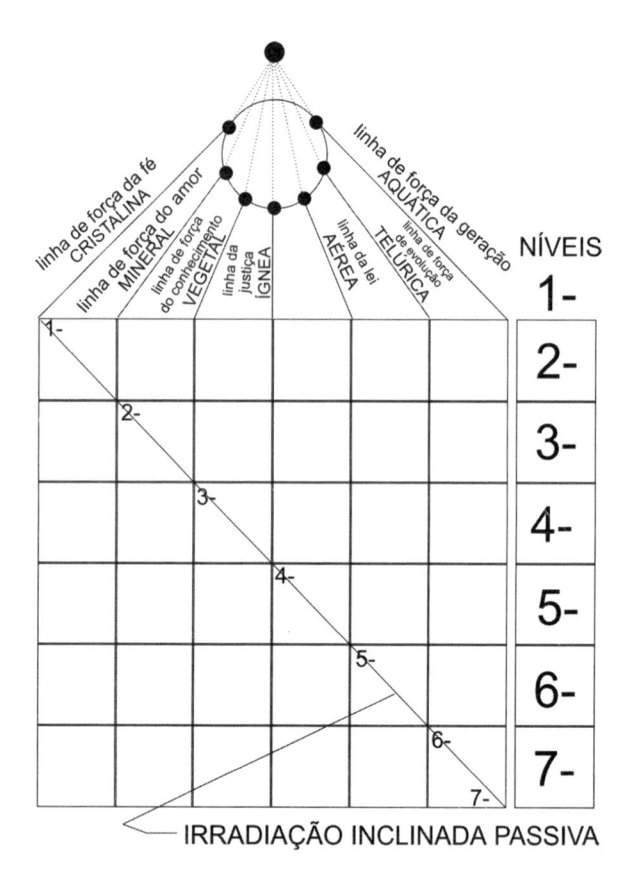

IRRADIAÇÃO INCLINADA PASSIVA

Nesta tela planetária, se tomarmos a linha de força pura e cristalina, veremos que a irradiação cristalina da fé, na linha de força do amor (mineral), a alcançará em seu segundo nível.

Na linha do conhecimento, o entrecruzamento ocorre no 3º nível.
Na linha da justiça, o entrecruzamento ocorre no 4º nível.
Na linha da lei, o entrecruzamento ocorre no 5º nível.
Na linha do saber, o entrecruzamento ocorre o 6º nível.
Na linha da geração, o entrecruzamento ocorre no 7º nível.

Veja a figura anterior.

Nesses níveis, que podem ser feitos para todas as linhas de forças, também são encontrados os níveis onde os Orixás regentes atuam, pois a irradiação de Oxalá para a linha do amor atua junto ao 2º Trono Celestial Oxum. Observem que ele não é o 2º Trono, mas sim atua junto a ele.

Isto é a colocação científica regente dos níveis, pois no primeiro nível estão os Orixás naturais, refletores das vibrações e irradiações essenciais dos Orixás ancestrais.

Como já observamos antes, onde só um jardineiro se mostra, os outros estão por perto.

Assim, se na linha da fé é Oxalá quem se manifesta, no entanto em todos os seus níveis encontramos todas as outras seis irradiações.

Afinal, a fé sem o amor é egoísta;
sem o conhecimento é limitada;
sem a justiça é parcialista;
sem a lei é desordenada ;
sem o saber é estagnante;
sem a geração é estéril.

Com isso encerramos este comentário a respeito dos Orixás ancestrais (telas refletoras).

Orixás Naturais

Com a permissão do amado mestre "Li-Mahi Am-Seri-yê", mago regente da tradição natural.

Nós, no capítulo anterior, descendo do alto do Altíssimo, já chegamos até os Orixás ancestrais, aos quais estão ligadas todas as criaturas. E comentamos que eles atuam de dentro para fora nos seres através de vibrações mentais e irradiações essenciais, pois são mentais planetários que, por meio de suas telas refletoras, captam todas as vibrações e irradiações, e a todas dão um retorno por intermédio dos níveis afins com quem os vibrou ou irradiou.

Agora vamos abordar os Orixás naturais segundo suas concepções que nos chegam de níveis superiores, onde o conhecimento é muito mais abrangente.

Nós temos nomes mântricos para eles, mas nos escusamos de aqui colocá-los, pois não pertencem às línguas africanas que nominaram os sagrados Orixás semeados pelos sacerdotes africanos e foram trazidos para o Brasil com os escravos.

Os nomes que temos são mântricos e pertencem à língua silábica cristalina que era falada em todo o planeta Terra numa era anterior à atual, quando quem regia os cultos religiosos eram os "magos".

Mas isso já é passado adormecido na memória da humanidade terrena, e não vamos despertá-lo só para nomearmos os já tão bem denominados Orixás naturais da teogonia Yorubana.

Portanto, se limitações acontecerem, elas só ocorrerão pelas próprias lendas e mitos delimitadores dos Orixás, cultuados desde há muito tempo pelos nossos amados e ancestrais irmãos africanos que, se eram pouco "mentalistas", no entanto, eram magníficos "naturistas".

Eles, através dos axés naturais dos Orixás, os encontravam na natureza terrestre, onde os assentavam e os adoravam.

Bem, vamos começar por definir o que são os Orixás naturais.

Orixás naturais são os regente das dimensões onde a vida se processa em nível original.

Eles são naturais, pois são puros, ou unielementais.

O Orixá natural cristalino é uma divindade pura, pois só vibra a Fé e a religiosidade o tempo todo e durante todo o tempo. Ele é o sustentador natural das vibrações de Fé que alcançam todos os níveis vibratórios e estágios evolutivos em todas as dimensões da vida.

Adentrar numa dimensão pura é colocar-se diretamente e frontalmente diante das mais puras, originais e sutis irradiações do Divino Criador.

Se adentrarmos, e nós adentramos, na dimensão natural cristalina, as vibrações de Fé que nos alcançam são tão intensas, mas tão intensas, que todo o nosso ser explode em irradiações religiosas ou de religiosidades. E o retorno dos Tronos puros que captam nossas vibrações nos sutilizam e elevam de tal maneira que nos tornamos refletores naturais de suas irradiações, divinas por natureza e excelsas por excelências naturais.

As sensações de bem-estar são indescritíveis através de palavras, pois vivenciamos um estado puro da fé em Olorum.

O mesmo ocorre se adentramos na dimensão mineral pura, pois nela as vibrações de amor são puras e originais.

Simplesmente são indescritíveis as sensações de amor que nos envolvem em todos os sentidos.

Somos inundados com vibrações tão intensas de amor que nossos olhos extravasam lágrimas em abundância, de tanto amor que transbordamos.

Enfim, Orixás naturais ou elementais básicos são os Tronos regentes das sete dimensões básicas ou "puras", onde os seres vivem seus estágios originais da evolução.

Existem sete dimensões básicas:

Dimensão cristalina – seu regente é o Orixá da fé.

Dimensão mineral – seu regente é o Orixá do amor.
Dimensão vegetal – seu regente é o Orixá do conhecimento.
Dimensão ígnea – seu regente é o Orixá da justiça.
Dimensão aérea – seu regente é o Orixá da lei.
Dimensão telúrica – seu regente é o Orixá do saber.
Dimensão aquática – seu regente é o Orixá da geração.

Em cada uma dessas dimensões básicas encontramos os fundamentos de tudo o que até aqui temos comentado.

Em cada uma delas estivemos diante de Tronos Divinos que dão sustentação energética e magnética a todos os desdobramentos que acontecem até se chegar à dimensão humana material, onde os elementos afins se amalgamam, fundem-se e dão origem à matéria.

E, creiam-nos, pois nosso objetivo é unicamente fixar no papel e no plano da matéria um conhecimento único e fundamentado na verdade sobre os sagrados Orixás.

Oxalá é o regente natural da fé (religiosidade), junto com Logunan.

Oxum é a regente natural do amor (concepção), junto com Oxumaré.

Oxóssi é o regente natural do conhecimento (raciocínio), junto com Obá.

Xangô é o regente natural da justiça (razão), junto com Oroiná.

Ogum é o regente natural da lei (ordem), junto com Iansã.

Obaluaiê é o regente natural da evolução (saber), junto com Nanã.

Iemanjá é a regente natural da geração (maternidade), junto com Omolu.

Os Tronos auxiliares dos sagrados Orixás naturais são divinos por natureza e quando nos aproximamos de um deles, somos "invadidos" por suas vibrações e inundados por suas irradiações puras que fazem com que vibremos intensamente essas qualidades e atributos e nos sintamos estimulados a vibrá-los em todos os sentidos.

Não descrevemos os Orixás naturais simplesmente por conhecê-los por meio de informações.

Se o fazemos por meio de nosso médium psicográfico, o fazemos a partir do que vimos, vivenciamos e aprendemos diretamente nas dimensões naturais da vida, onde os seres que nelas vivem estão vivenciando seus estágios puros da evolução.

Nessas dimensões só entramos se formos conduzidos por Orixás guardiões, que são os únicos autorizados a levar até elas os espíritos humanos reintegrados às hierarquias naturais regentes dos pontos de forças.

Só para que tenham uma ideia do que são os Orixás naturais, imaginem por um instante a mais bela concepção da maternal Iemanjá. Então, com essa imagem mental, extrapolem os encantos maternais naturais dela, uma encantada, até limites divinos e excelsos, e aí terão algo próximo da "mãe da vida", que é Iemanjá, Trono regente da geração ou maternidade.

É algo divino, e esperamos que um dia, no futuro, todos possam religarem-se naturalmente com ela, a mãe da vida e Orixá natural sustentadora da geração.

Como dissemos no início deste capítulo, ela possui seu nome sagrado e mântrico na língua cristalina. Mas, porque foi humanizada como Iemanjá, não tenham dúvidas de que ela é Iemanjá.

Afinal, todas as suas Encantadas naturais trazem em si mesmas os encantos da mãe da vida que as rege e, por meio delas, por vibrações e irradiações, seu mistério da geração desdobra-se em todos os estágios da evolução e níveis onde "reinos naturais" sustentam nossos irmãos(ãs) seres naturais.

Orixás Dimensionais
(Regentes de Dimensões)

Nós, no capítulo anterior, comentamos a respeito dos Orixás naturais ou elementais puros, que regem as sete dimensões básicas da vida, onde os seres vivenciam seus estágios elementais da evolução.

Mas, se este é o estágio elemental e estas são as dimensões básicas, existem outras que já são desdobramentos ou amalgamações energéticas e regentes individualizados são regidos por Orixás por causa de suas naturezas, atributos e atribuições – tais como: natureza, sexo, qualidades, polaridades, magnetismos, energias, vibrações, irradiações, de modo e nível de atuação os distinguem e os individualizam.

Enfim, assumem características que os distinguem e individualizam, pois, nas dimensões onde são regentes, estão os estágios por onde os seres evoluem.

Uns são irradiantes e outros são absorvedores de energia.

Mas aqui vamos nos limitar unicamente aos seus aspectos afins conosco, os espíritos humanos.

Observem que os espíritos humanos possuem duas dimensões: uma material e outra espiritual.

Na material, o espírito anima um corpo físico carnal que o sustenta e o amolda para que os ciclos da evolução se realizem.

Quando desencarna, o ser apenas se despe do seu invólucro carnal e segue adiante no seu estágio humano da evolução.

Saibam que ao par dessa dimensão material, interpenetrando-a e fazendo parte dela, pois é a contraparte estérica do plano da matéria, há um plano espiritual que chamamos de faixa energomagnética, matéria-espírito ou plano misto.

Os videntes têm acesso visual a ela e veem claramente os espíritos que nela vivem, e que ainda não se desligaram das atrações materiais (laços familiares, desejos os mais diversos, o adormecimento da consciência, etc.).

Mas também existem em níveis espirituais outras faixas energomagnéticas, umas superiores a essa faixa ou plano misto, e outras inferiores.

Se o despertar da consciência (evolução) se processa em equilíbrio e harmonia (racionalmente), o espírito que desencarna é conduzido a essas faixas, e na que lhe seja afim, nela passará a viver e a evoluir. São as faixas espirituais positivas ou esferas da luz.

Mas se a evolução no corpo material foi só desequilíbrio e desarmonia (emocionalizante), então o ser adormeceu seu racional (consciência), sobrecarregou-se negativamente, pois viveu pelo instinto, que é magneticamente negativo. E será atraído para esferas ou faixas negativas por causa dessa afinidade magnética (emocionalismo).

Sim, porque na dimensão dos espíritos, o positivo, luminoso e virtuoso processa-se no racional e dota o ser de uma consciência e um magnetismo mental positivo. Já o negativo dos espíritos está localizado no seu emocional e se vivenciou os vícios (luxúria, inveja, ira, cobiça, avareza, etc.), emocionalizou-se, tornou-se sem luz, negativo em seu mental e regride consciencialmente. Com isso em si mesmo, os polos magnéticos negativos localizados nas faixas negativas os atrairão automaticamente e os conduzirão a domínios da lei destinados aos espíritos afins entre si, tanto emocionalmente quanto magneticamente.

Enormes agrupamentos onde espíritos viciados afins são reunidos pela "lei das afinidades" existem nas esferas negativas, formando aquilo que conhecem como infernos, trevas, umbral, etc.

Com os espíritos virtuosos, as afinidades acontecem em planos luminosos, multicoloridos, multifloridos, etc., onde os virtuosos afins são reunidos pela lei maior.

Então vamos esquematizar isso que acabamos de comentar para que, ao comentarmos outras dimensões, vocês as compreendam facilmente.

7ª Faixa da luz (positiva-virtuosa), etc.
6ª Faixa da luz (positiva-virtuosa), etc.
5ª Faixa da luz (positiva-virtuosa), etc.
4ª Faixa da luz (positiva-virtuosa), etc.
3ª Faixa da luz (positiva-virtuosa), etc.
2ª Faixa da luz (positiva-virtuosa), etc.
1ª Faixa da luz (positiva-virtuosa), etc.

Faixa mista = matéria-espírito

1ª Faixa das trevas – negativa, viciada, sem luz, etc.
2ª Faixa das trevas – negativa, viciada, sem luz, etc.
3ª Faixa das trevas – negativa, viciada, sem luz, etc.
4ª Faixa das trevas – negativa, viciada, sem luz, etc.
5ª Faixa das trevas – negativa, viciada, sem luz, etc.
6ª Faixa das trevas – negativa, viciada, sem luz, etc.
7ª Faixa das trevas – negativa, viciada, sem luz, etc.

Observem que não existe um "limite" dividindo umas das outras, pois, na verdade, são faixas vibratórias e todas ocupam um mesmo espaço.

Se as vibrações mentais do espírito vão se elevando, é porque sua consciência está despertando para as verdades eternas (saber divino), e a níveis vibratórios cada vez mais elevados ele vai ascendendo.

Mas, se as vibrações mentais vão se abaixando, é porque sua consciência está adormecendo para as verdades eternas e o ser está se deixando levar pelo instinto e pelo emocional.

Então, quanto maior o despertar da consciência para as verdades eternas (virtudes), maior será a elevação e a vibração dos espíritos e em faixas vibratórias mais elevadas eles viverão.

O inverso acontece com os espíritos que vão se emocionalizando, entregando-se aos instintos e adormecendo suas consciências, pois estão vivenciando as ilusões adquiridas no plano material (vícios humanos).

Pronto, temos aí uma descrição simples do que é a evolução humana (o despertar da consciência).

Façamos agora um novo esquema gráfico para que entendam o que acontece nas evoluções que se processam nas outras dimensões da vida.

As Sete Linhas de Umbanda

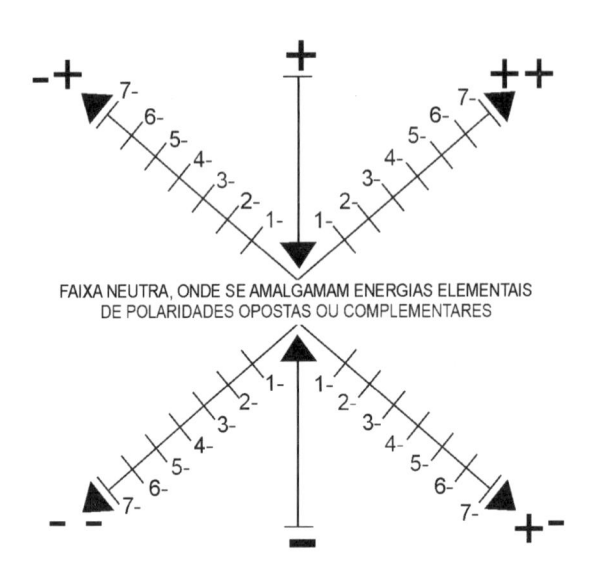

FAIXA NEUTRA, ONDE SE AMALGAMAM ENERGIAS ELEMENTAIS DE POLARIDADES OPOSTAS OU COMPLEMENTARES

DIMENSÃO FORMADA POR ENERGIAS POSITIVAS

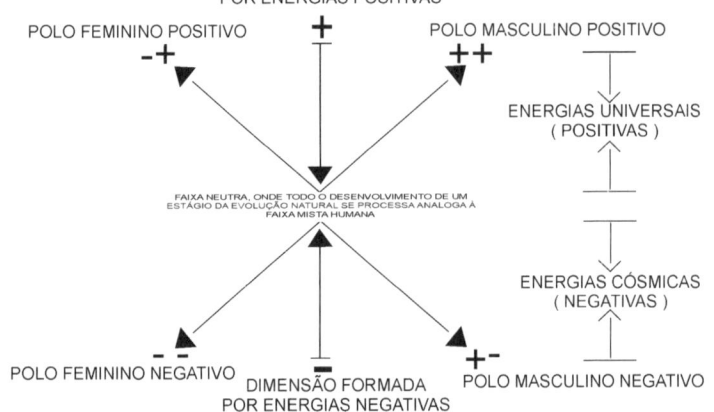

POLO FEMININO POSITIVO   POLO MASCULINO POSITIVO

ENERGIAS UNIVERSAIS (POSITIVAS)

FAIXA NEUTRA, ONDE TODO O DESENVOLVIMENTO DE UM ESTÁGIO DA EVOLUÇÃO NATURAL SE PROCESSA ANÁLOGA À FAIXA MISTA HUMANA

ENERGIAS CÓSMICAS (NEGATIVAS)

POLO FEMININO NEGATIVO   POLO MASCULINO NEGATIVO
DIMENSÃO FORMADA POR ENERGIAS NEGATIVAS

 Estudem bem as duas figuras e observem que, na primeira, as linhas que conduzem aos polos estão divididas em sete níveis vibratórios que correspondem às sete faixas vibratórias dos espíritos humanos.

 Observem também que existem níveis positivos e níveis negativos, polos masculinos e polos femininos, energias universais e cósmicas.

Com tudo isso fixado na mente e bem memorizado, iniciemos o comentário de como a evolução se processa nas dimensões "naturais", ou bipolares, pois as elementais são unipolares.

Chamaremos de seres naturais ou encantados esses nossos irmãos, pois eles evoluem num contínuo e não têm na reencarnação um dos seus meios, assim como nelas não existem nascimento e morte para a carne, pois não recebem esse invólucro aos seus corpos energéticos, unicamente revestidos por uma membrana energética cristalina de natureza neutra.

Bom, já temos o que precisamos para iniciar nosso comentário?

Não, ainda não, pois onde estão grafados os níveis (1º ao 7º) masculinos e femininos, positivos e negativos, estão assentados os Orixás auxiliares dos Orixás regentes das linhas de forças por onde as evoluções se processam. São tronos assentados que magneticamente vão atraindo os seres mentalmente afins, além de serem do mesmo sexo, pois as separações de sexo ocorrem naturalmente.

Nos polos das dimensões estão os Orixás naturais elementais, que são sete (cristalino, mineral, vegetal, ígneo, aéreo, telúrico e aquático).

Comecemos:

Aqui temos o par energético:

Os dois polos, cada um localizado numa dimensão elemental pura, suprem energeticamente a faixa onde a evolução se processa, assim como enviam os seres elementais que já tenham concluído seus estágios puros da evolução para essa faixa elemental "mista", pois é formada unicamente por dois elementos originais que chamamos de bienergética, pois duas energias se amalgamaram e, ao serem absorvidas pelos seres, vão possibilitando-lhes a formação de um novo polo magnético ou corpo emocional.

Tomamos um exemplo para uma melhor compreensão.

Assim, o Orixá da dimensão elemental aquática (Iemanjá está no polo (+) positivo e o Orixá da dimensão eólica, (-) polo negativo (Ogum), enviam os seres já aptos a formarem seus corpos emocionais (polo mental negativo) à faixa bielementar onde todo um estágio evolutivo tem início.

De ambas as dimensões elementais básicas são enviados seres elementais de ambos os sexos, ainda que aqui devem entender apenas como naturezas masculinas e femininas, pois as trocas energéticas ocorrerão em um nível e processo diferentes.

Como de ambas as dimensões eles chegam revestidos por uma "membrana" ou envoltório cristalino protegendo seus ainda muito sutis corpos energéticos, diferenças visuais aos vossos olhos não são visíveis. E além do mais, esses seres não têm olhos, mas tão somente sensores captadores de vibrações energomagnéticas.

Com isso explicado, passemos adiante.

Os seres vão absorvendo por meio de seus chacras, ou pontos de forças, as energias que formam o meio onde "vivem", e pouco a pouco vão formando seus corpos emocionais e seus magnetismos negativos.

Isso significa que um ser do ar é no mental um ser positivo e eólico, e na água irá formar seu emocional, que será negativo e aquático.

Interpretando o que acabamos de escrever, significa que o ser, no seu racional (polo positivo), vibrará ordenação, e no seu emocional (polo negativo) vibrará geração, ou ordem criativa ou criatividade ordenada.

Esqueçam nesse estágio a procriação ou sexualidade humana, pois outros são os objetivos do Divino Criador ao, assim, distribuir os estágios evolutivos.

Pouco a pouco, pois a evolução se processa sem saltos, todos vão definindo suas polaridades, seus magnetismos e até suas afinidades racionais e emocionais.

Pares se formam e se desfazem do mesmo jeito que no estágio humano da evolução.

E tudo acontece com os Orixás sustentando todo o processo evolutivo. Atuam por vibrações mentais e irradiações energéticas, abarcando tudo e todos o tempo todo e durante todo o tempo, num processo onde os seres vivem inconscientes de seus "estados".

O instinto básico os guia.

Através do instinto vão evoluindo e aprendendo a conviver com seus pares opostos em muitos aspectos.

Aos poucos, com dois polos magnéticos a atraí-los e direcioná-los, os seres vão se definindo e formando em seus mentais um magnetismo positivo ou negativo que os conduzirá ao polo correspondente à sua natureza (macho ou fêmea), ao seu mental (positivo ou negativo) e ao seu elemento original (ar ou água). Eis o gráfico:

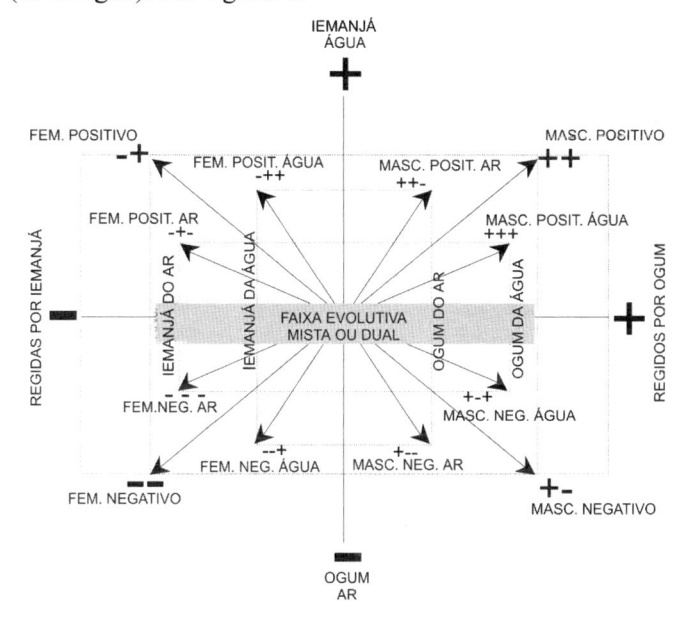

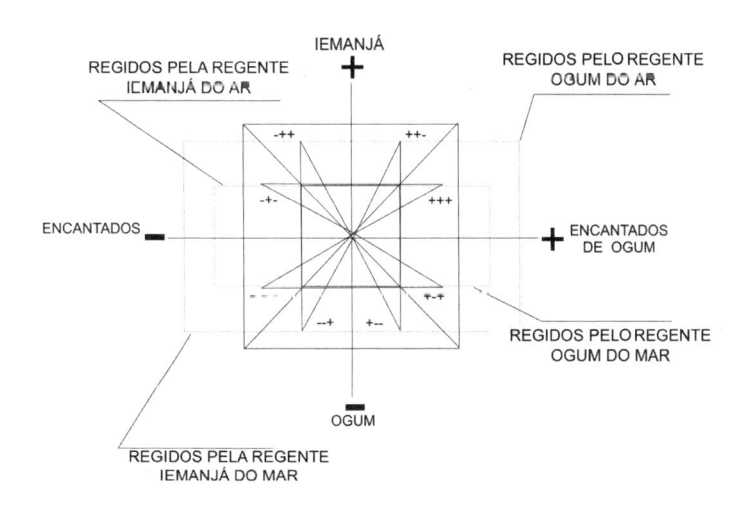

Aí temos isto:

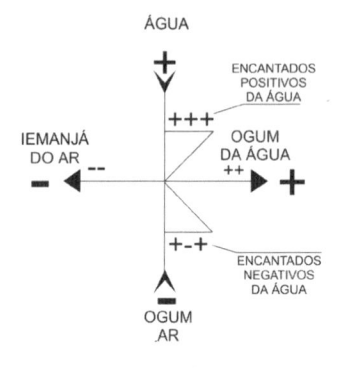

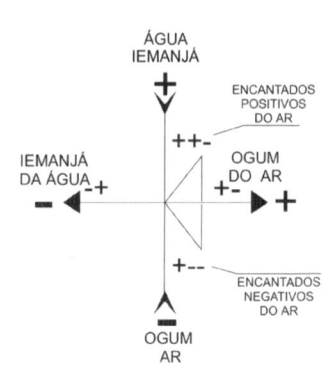

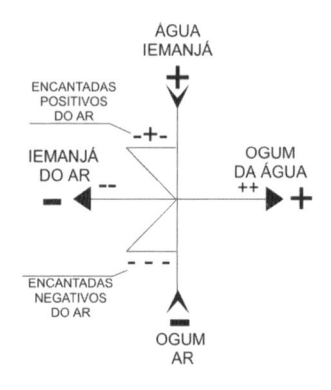

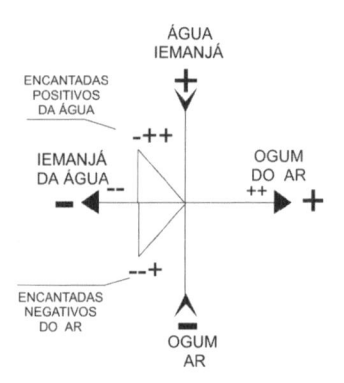

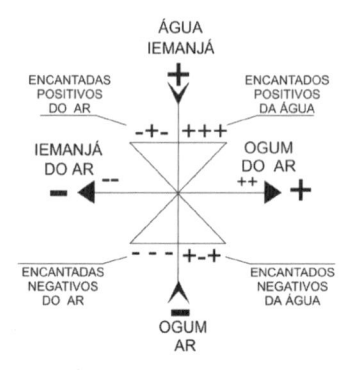

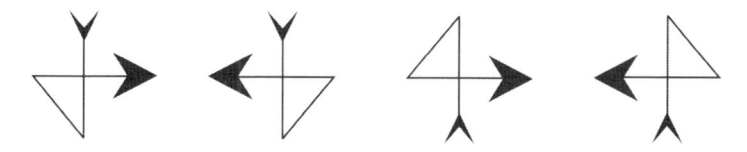

Observem tudo atentamente, pois o que apenas deixamos que vislumbrem em um estágio da evolução tem muito mais ciência que possam imaginar.

Pois os sinais gráficos acima são os dos quadrantes que acabamos de traçar, e indicam onde está o Trono regente que está sustentando um reino encantado habitado por milhões de encantados de Iemanjá ou Ogum. E quando um guia incorporado o risca em seu "ponto de trabalho" está ativando uma força e um poder assentados na natureza, e é movimentado por Iemanjá, da água ou do ar, e por Ogum, do ar ou da água, pois tudo depende do quadrante onde se encontra e por onde entra ou sai o fluxo energético que o guia ativou.

Voltando agora ao assunto Orixá, temos a dizer o seguinte:

Antes tínhamos uma Iemanjá natural elemental aquática, mas num segundo estágio, quando ela juntamente com Ogum elemental eólico formaram uma dimensão onde toda uma evolução mista acontece, surgiram duas Iemanjás, pois uma é Iemanjá da "água" e outra do "ar".

E o mesmo ocorreu com Ogum, pois surgiu um Ogum do ar e outro da "água".

Como dissemos no início deste capítulo, quando os Orixás assumem a condição de "mistos", significa que tendo uma essência original a sustentá-los, aos poucos vão assumindo novas qualidades, novos atributos e novas atribuições.

É certo que não vamos desdobrar e colocar no papel, como fizemos linhas atrás, todos os estágios da evolução que acontecem nas muitas dimensões da "vida" nesse todo planetário.

Só explicamos parcialmente o que ocorre em um estágio onde os seres elementais puros ou originais aquáticos são colocados em uma faixa especial onde, junto com elementais do ar, começam a desenvolver seus emocionais, pois os elementos água e ar são afins entre si, ainda que um ser nunca deixe de ser o que é: uma semente divina animada em seu íntimo pela essência onde foi gerada.

Esperamos que tenham entendido o que são Orixás mistos. Afinal, Iemanjá natural só existe uma. Mas Iemanjás mistas, bem, nós as encontramos regendo linhas de forças onde, assentadas em seus tronos energomagnéticos, regem estágios da evolução dentro de dimensões que são únicas, pois duas iguais em suas formações energéticas não existem.

Existem:
– os Orixás bielementais;
– os Orixás trielementais;
– os Orixás tetraelementais;
– os Orixás pentaelementais;
– os Orixás hexaelementais;
– os Orixás septielementais.

E todos são o que chamamos de mistos, pois são diferentes entre si, ainda que pertençam a um mesmo elemento e sejam sustentados por uma das sete essências.

Observem que unindo Iemanjá (águas) e Ogum (ar), temos:

Uma Iemanjá pura e outra mista, pelo ar que absorveu.
Um Ogum puro e outro misto, pela água que absorveu.

Mas nos muitos estágios evolutivos que existem, outras qualificações vão surgindo e dando ao Todo (Olorum) condições de atuar em todos os níveis, o tempo todo e durante todo o tempo, quer por meio das essências puras (Orixás naturais), quer por meio das essências amalgamadas (Orixás mistos).

Orixás Encantados
(Regentes de Reinos Naturais)

Com a licença do amado "Li-Mahi-An-Seri-yê", mago regente da tradição natural.

Amados irmãos, aqui vamos abordar o mais fascinante mistério da evolução natural, onde divindades assentadas em reinos naturais sustentam, vibratoriamente, milhões de seres que chamamos de "encantados" da natureza".

No capítulo anterior, os amados(as) irmãos(ãs) viram como surgiram os Orixás mistos Ogum do ar, Ogum da água, Iemanjá da água e Iemanjá do ar, correto?

Nós os grafamos assim: ⤵ ⤶ ⤴ ⤸ , etc.

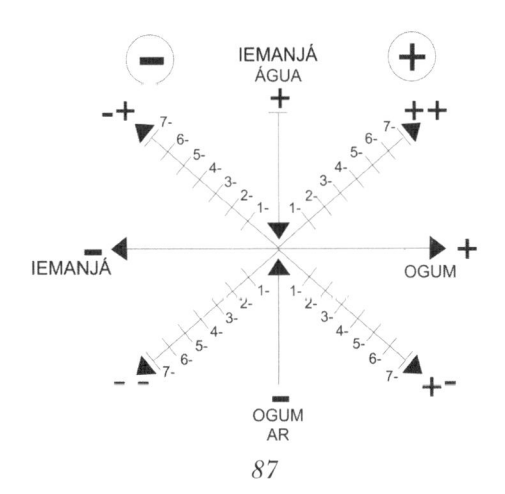

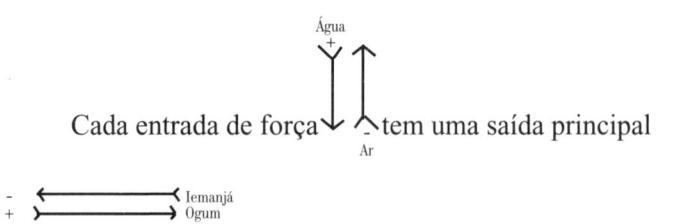

Cada entrada de força ⇵ tem uma saída principal
(Água / Ar)

− ⟵ Iemanjá
+ ⟶ Ogum

que dá origem aos Orixás diferenciados.
Mas existem mais quatro linhas de forças que estão

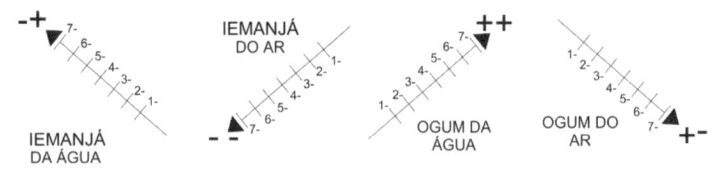

IEMANJÁ DA ÁGUA −+
IEMANJÁ DO AR −−
OGUM DA ÁGUA ++
OGUM DO AR +−

segmentadas:

Estas linhas segmentadas indicam a posição onde encontramos dentro do quadrante de entradas e saídas de forças cada um desses quatro Orixás mistos ou bielementais.

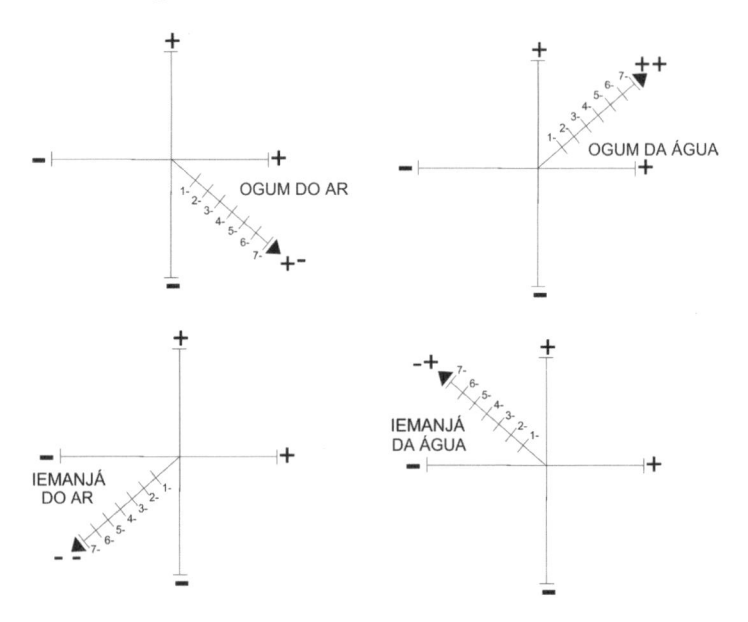

OGUM DO AR +−
OGUM DA ÁGUA ++
IEMANJÁ DO AR −−
IEMANJÁ DA ÁGUA −+

Assim, no quadrante temos o seguinte:
Observem que cada seta está indicando uma direção, e isso significa que indicam o alto ou o polo positivo (universal = irradiante), e indicam o polo negativo (cósmico = concentrador).

Cada seta segmentada indica que os seres regidos pelo Orixá bielemental possuem magnetismo afim com o elemento onde a seta indica.

(+) = Universal = positivo = irradiante = expansor, etc.
(-) = Cósmico – negativo = absorvente = concentrador, etc.

+   +
(+ +) = Masculino, positivo

-     +
(- +) = Feminino, positivo

+   -
(+ -) = Masculino, negativo

-     -
(- -) = Feminino, negativo

+   +   +
(+ + +) = Masculino, positivo, aquático

-     +   +
(- + +) = Feminino, positivo, aquático

+   -   +
(+ - +) = Masculino , negativo, aquático

-     -   +
(- - +) = Feminino, negativo, aquático

+   -   -
(+ - -) = Masculino, negativo, aéreo

-     -   -
(- - -) = Feminino, negativo, aéreo

O primeiro sinal indica o sexo: masculino (+)
   feminino (-)

O segundo sinal indica o polo: positivo (+)
   negativo (-)

O terceiro sinal indica o elemento: água (+)
ar (-)

Se acrescentarmos o sinal positivo, estamos dizendo que é expansor ou universal.

Se acrescentarmos o sinal negativo, estamos dizendo que é concentrador, ou cósmico.

Mas podemos, graficamente, mostrá-los melhor:

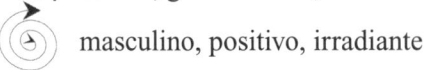

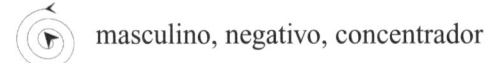

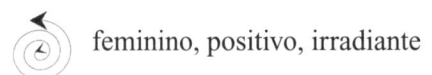

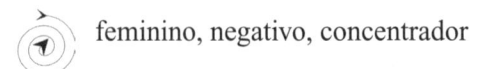

masculino, positivo, irradiante

masculino, negativo, concentrador

feminino, positivo, irradiante

feminino, negativo, concentrador

seta apontando para a direita = masculino irradiante
seta apontando para a esquerda = feminino irradiante
seta entrando para a direita = masculino concentrador
seta entrando para a esquerda = feminino concentrador

Mais um pouco da grafia dos Orixás, pois os Orixás encantados são regentes de reinos naturais aos quais estão ligados "todos" os guias que no Ritual de Umbanda Sagrada se apresentam como guias "chefes".

Nos reinos naturais regidos pelos Orixás encantados vivem milhões de seres naturais ou encantados da natureza que são portadores de qualidades, atributos e atribuições afins com os seus regentes assentados nos Tronos dos reinos naturais.

Alguns guias chefes estão ligados a Tronos irradiantes e outros a Tronos absorventes.

E se assim é, isso se deve ao fato de que alguns atuam com energias universais (positivas) e outros com energias cósmicas (negativas).

Bem, vamos comentar de forma abrangente o mistério Orixás encantados, pois são os regentes de reinos naturais habitados por milhões incontáveis de seres, que são os nossos irmãos naturais.

A partir do momento em que adentram num segundo estágio da evolução, os seres antes chamados de elementais passam a ser chamados de encantados da natureza.

Quem os rege diretamente são os Orixás encantados, que são Tronos localizados nos níveis indicados nas setas do gráfico da página seguinte.

Cada nível se forma a partir do surgimento de combinação magnética, energética e energomagnética, pois em um mesmo nível das linhas de forças, mas em polos opostos, as qualidades, atributos e atribuições, também são diferentes.

E cada polo de uma linha de forças possui sete níveis, que são onde estão assentados os Orixás encantados responsáveis pelas evoluções que acontecem nos reinos naturais.

É comum encontrarmos num mesmo nível e polo magnéticos seres com evoluções diferentes, mas se isso acontece, é porque assim que atinge um nível, o ser é magneticamente atraído pelo nível que lhe é vibratoriamente superior.

Esses sete polos ou Tronos atuam sempre por vibrações mentais e irradiações energéticas, mas todos são "comandados" pelo Orixá natural senhor da linha de força. Com isso estamos deixando bem claro que os Orixás encantados não são os senhores das linhas de força, mas tão somente regentes de níveis evolutivos e polos magnéticos onde atuam por "atração mental".

Sempre que um ser encantado alcança um grau de evolução afim com o polo magnético do nível superior, é atraído por ele automaticamente.

Temos na natureza sete linhas de forças básicas, que a partir do segundo estágio da evolução começam a dar origem a muitos Orixás bielementais, pois estão assentados em polos magnéticos cósmicos ou universais (- ou +) e em níveis diferentes.

Com isso estamos afirmando que, em cada linha de força coordenada por um Orixá natural, se formam sete níveis magnéticos à sua direita e sete à esquerda. Observem o gráfico energomagnético.

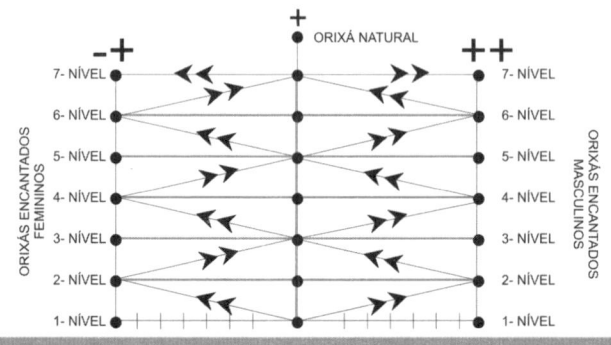

FAIXA ONDE A EVOLUÇÃO TEM INÍCIO NUMA DIMENSÃO BIENERGÉTICA OU BIELEMENTAL

Este gráfico mostra que à medida que o ser natural vai evoluindo, também vai ascendendo, pois é atraído pelo polo superior.

No polo negativo o mesmo ocorre, regido pelo Orixá que é o regente da evolução cósmica.

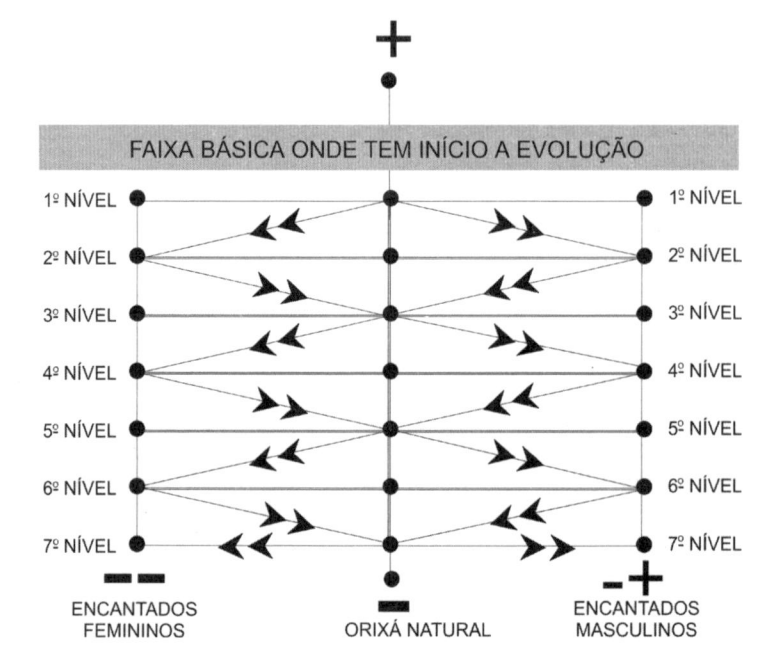

FAIXA BÁSICA ONDE TEM INÍCIO A EVOLUÇÃO

Com esses dois gráficos reunidos num só, teremos as linhas de forças, seus polos afins e seus polos opostos, seu magnetismo positivo e negativo e suas correntes energéticas. Vejam o gráfico completo:

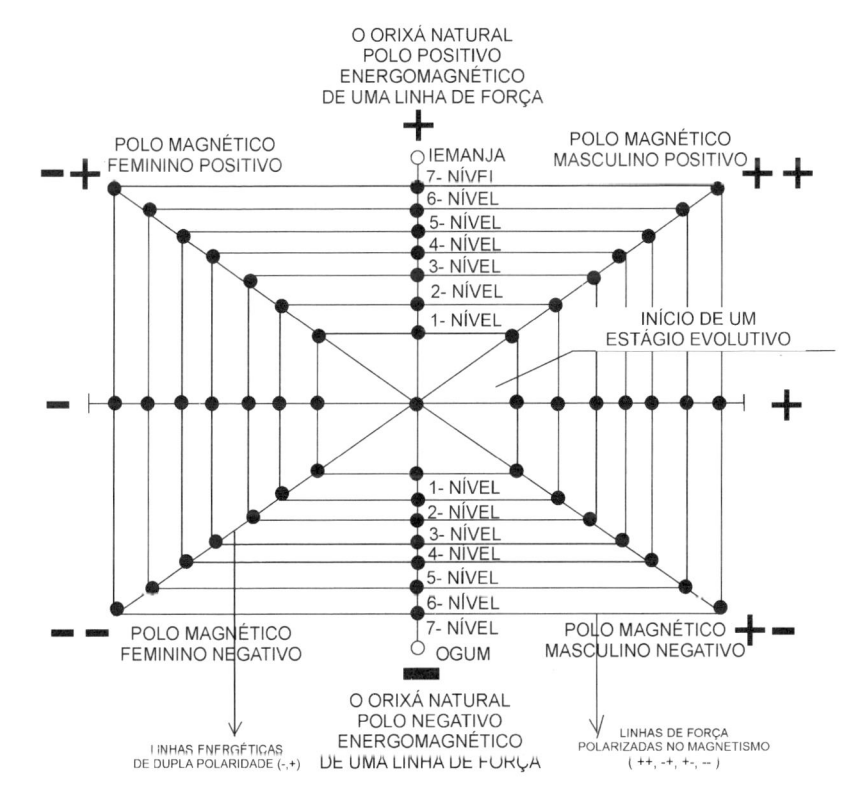

O ORIXÁ NATURAL
POLO POSITIVO
ENERGOMAGNÉTICO
DE UMA LINHA DE FORÇA

POLO MAGNÉTICO FEMININO POSITIVO
POLO MAGNÉTICO MASCULINO POSITIVO
IEMANJÁ
7- NÍVEL
6- NÍVEL
5- NÍVEL
4- NÍVEL
3- NÍVEL
2- NÍVEL
1- NÍVEL
INÍCIO DE UM ESTÁGIO EVOLUTIVO

1- NÍVEL
2- NÍVEL
3- NÍVEL
4- NÍVEL
5- NÍVEL
6- NÍVEL
7- NÍVEL
OGUM

POLO MAGNÉTICO FEMININO NEGATIVO
POLO MAGNÉTICO MASCULINO NEGATIVO

O ORIXÁ NATURAL
POLO NEGATIVO
ENERGOMAGNÉTICO
DE UMA LINHA DE FORÇA

LINHAS ENERGÉTICAS DE DUPLA POLARIDADE (-,+)
LINHAS DE FORÇA POLARIZADAS NO MAGNETISMO (++, -+, +-, --)

Observando este gráfico completo, podemos ver claramente um quadro demonstrativo de todo um ponto de forças da natureza onde a evolução natural se processa naturalmente.

Como tomamos para exemplo os Orixás naturais Ogum (cósmico) e Iemanjá (universal), então temos a distribuição completa de todos os Orixás encantados assentados numa dimensão onde sustentam mental e energicamente todo um estágio da evolução.

Este gráfico fixa todo um ponto de forças celestiais no qual os sustentadores são respectivamente Iemanjá, lado positivo ou universal, e Ogum, lado negativo ou cósmico.

Observem que neste gráfico demonstrativo toda uma evolução se processa unicamente em uma das muitas dimensões, pois outras existem, mas já é possível vislumbrar toda a estrutura básica das evoluções.

E se tanto afirmarmos, é porque assim como no plano material a "natureza" sempre se repete, em todos os níveis e dimensões o mesmo acontece.

Nós sabemos que, se uma pessoa que vive no plano material for virtuosa, ascenderá às esferas da luz (irradiantes, luminosas, multicoloridas, etc.). Mas, se em vez de virtuosa ela se entrega aos vícios emocionais, com certeza desenvolverá todo um magnetismo negativo que a tornará "atratível" pelo polo negativo da evolução humana, sem luz, não irradiante, sem cor, etc.

São as atrações magnéticas regidas pela lei das afinidades.

Esse é um recurso da lei maior para separar naturalmente espíritos não afins entre si. E o mesmo ocorre nas outras dimensões da vida, onde se processam evoluções que acontecem naturalmente e sem o concurso do ciclo reencarnacionista, que é exclusivo do estágio humano da evolução.

Observem que não dissemos que a reencarnação seja exclusiva do ser humano, mas sim do estágio humano da evolução, pois todos nós, seres "hoje" no estágio humano da evolução, já estagiamos no plano encantado da evolução, sem que fosse necessário encarnarmos.

Hoje somos espíritos, mas ontem éramos seres encantados ou naturais, e isso tanto é verdade que na nossa ancestralidade encontramos um Orixá ancestral, quer o procuremos através dos búzios, quer da astrologia analógica, da numerologia comparativa ou da simbologia identificadora.

São sete as essências já comentadas por nós em capítulos anteriores.

Sempre encontramos nos espíritos humanos essas ancestralidades, pois nós já passamos por estágios da evolução que são regidos pelos Orixás. E isso explica quando se diz a alguém: você é filho de Ogum, de Oxóssi, etc.

O fato é que ao se dizer: você é filho de Iemanjá! está se dizendo que o ser é regido pelo elemento água e que Iemanjá é o Orixá ancestral que o rege.

Mas atentem para isto: o Orixá ancestral é aquele no qual vivenciamos nosso estágio original da evolução, que se processou numa dimensão onde só existe um elemento.

Já no estágio dual, ou segundo estágio, dois elementos se amalgamaram para formar um meio onde o ser desenvolveu seu emocional ou polo negativo.

Depois dessa evolução dual, naturalmente (por atração magnética) o ser é conduzido a uma nova dimensão onde, numa faixa formada por um amálgama energético trielemental, irá deixar de se conduzir pelo instinto e irá desenvolver seus "sentidos", que não são os do corpo carnal, pois estes são o tato, o olfato, a visão, etc. Mas que numa analogia até podem ser comparados às faculdades mentais que chamamos de sentidos.

Os "sentidos" capitais ou virtuosos ou básicos são sete e correspondem às qualidades "essências" do Setenário Sagrado, que são:

Cristalina = fé ou religiosidade;
Mineral = amor ou união;
Vegetal = conhecimento ou raciocínio;
Ígnea = razão ou juízo;
Aérea = equilíbrio ou ordenação;
Terrena = sabedoria ou evolução;
Aquática = criativismo ou geração.

Enfim, nesse terceiro estágio da evolução, os seres são despertados para que, por si mesmos, comecem a desenvolver a percepção. E com ela desenvolvida comecem a ter noção das coisas.

Quando essa noção ou percepção das coisas já está bem desenvolvida, a própria evolução proporciona aos seres naturais ou encantados (que nós também já fomos), por atração magnética, uma nova dimensão onde irão desenvolver a "consciência".

Uns são atraídos para dimensões naturais, dentro das quais existem "reinos encantados" ou "reinos naturais", e outros (uma minoria) são atraídos para o estágio humano da evolução.

Os reinos trienergéticos ou trielementares possuem vertentes voltadas para todas as dimensões onde se processam os estágios anteriores (dual ou bienergéticos) e para as dimensões onde se processam as evoluções naturais quadrienergéticas, assim como para a dimensão matéria onde está localizada a faixa básica ou neutra, formada pelo amálgama dos quatro elementos básicos (água, ar, terra, fogo), mais o vegetal, o mineral e o cristalino, que permitem aos seres, antes naturais, que se espiritualizem.

Nós, os hoje espíritos humanos, no passado e num estágio anterior da evolução, vivíamos numa dimensão trienergética, e éramos encantados da natureza ou seres naturais.

Nas vertentes voltadas para os estágios duais estão os pontos de forças regidos por Orixás responsáveis pelos polos cujos magnetismos, naturalmente, vão atraindo os seres afins com a linha evolucionista que se processa no estágio seguinte.

Primeiro são atraídos ao ponto de forças ou polo energomagnético. Aí, depois de um período de "aclimatação" energética, lentamente vão ao outro polo, já localizado dentro da faixa onde um novo estágio, superior, se inicia.

Tudo se processa naturalmente e ninguém é forçado a optar por um prazo preestabelecido ou uma dimensão predeterminada.

Nós, ao estudarmos as leis das afinidades, as encontramos regendo os magnetismos, as energias, as vibrações, tudo sempre afins entre si.

Já na vertente voltada para o estágio superior ou posterior, estão pontos de forças que direcionam os seres naturais para dimensões polienergéticas. E a nossa abençoada terra ou plano matéria é uma delas, pois não somos os únicos nesse nosso abençoado planeta.

É certo que não podem vê-las, mas elas estão muito mais próximas do que imaginam os espíritos encarnados que tiveram suas visões multidimensionais adormecidas. Na verdade, ocupam o mesmo espaço.

Temos como assentado que tudo se processa em um mesmo espaço, mas em níveis vibratórios, magnéticos e energéticos diferentes.

Por isso as chamamos de dimensões paralelas, onde as evoluções se processam em paralelo.

Tenham aí as informações básicas para entenderem o que são os "encantados" da natureza, os vossos Orixás encantados ou naturais (pai e mãe) e vosso Orixá ancestral (essência pura onde viveram vosso estágio original da evolução.

Orixás Mistos ou Polielementais
(Regentes dos Níveis Vibratórios)

Aqui abordaremos os Orixás responsáveis pelos níveis onde, assentados em "tronos celestiais localizados", atuam no sentido de atraírem os seres naturais ou "encantados" afins e repelirem os não afins.

Nós mostramos as setas que indicam as direções por onde as evoluções se processam, e que são estas:

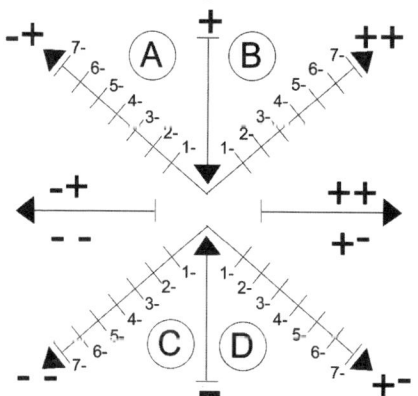

Observem bem as setas A, B, C, D, e seus sete níveis, pois nossa abordagem será a respeito dessas quatro setas segmentadas.

A

Essa seta possui sete níveis e os Tronos assentados, cada um em um nível, são ocupados por Orixás femininos que são responsáveis pelos estágios da evolução dentro de uma dimensão.

Nessa seta, o primeiro sinal (-) indica a natureza feminina dos Orixás. O segundo sinal (+) indica as polaridades dos Tronos, que são positivos ou irradiantes.

Observem que os sinais mais e menos (+ -), quando aplicados ao magnetismo, assumem essas características.

(+) = irradiante
(-) = absorvente

Quando aplicados aos polos energomagnéticos, indicam isto:

(+) = polo energomagnético universal ou passivo
(-) = polo energomagnético cósmico ou ativo

Quando aplicados às correntes energéticas, indicam isto:

(+) = polo positivo
(-) = polo negativo

Quando aplicados às linhas de forças, indicam isto:

(+) = polo luminoso, irradiante, expansor, multicolorido e policromático.
(-) = polo opaco, atrator, concentrador, monocromático ou de uma só cor.

Quando aplicados às naturezas, indicam isto:

(+) = natureza masculina
(-) = natureza feminina

Sempre atentos a essa explicação, pois polos magnéticos, energéticos e energomagnéticos não são necessariamente a mesma coisa.

Passivo em energia não é o mesmo que em magnetismo.

Os fatos é que os sinais são lidos assim:

Em natureza:

(+) indica que é um Orixá masculino
(-) indica que é um Orixá feminino

Em magnetismo:

(+) indica que é um Orixá irradiante e positivo
(-) indica que é um Orixá absorvente, atraente e negativo.

Em energia:

(+) indica que é um Orixá movimentador, manipulador de energias multicoloridas ou policromáticas.
(-) Indica que é um Orixá movimentador de energias de uma só cor ou monocromática.

Em energomagnetismo:

(+) indica um Orixá responsável pelos processos passivos (teúrgicos, mágicos, religiosos, evolutivos, etc.)
(-) indica um Orixá responsável pelos processos ativos (teúrgicos, mágicos, religiosos, evolutivos, etc.)

Tendo tudo isso em mente, já podemos interpretar a seta A e fazer sua correta leitura:

(- +) (natureza) = um Orixá feminino passivo
(- +) (magnetismo) = um Orixá feminino irradiante
(- +) (energomagnetismo) = um Orixá feminino que dá sustentação a todo um processo ou estágio positivo ou passivo.

Lendo fluentemente, temos o seguinte: os Orixás assentados nos polos energomagnéticos dos sete níveis da seta A são todos de naturezas femininas, são irradiadores de energias positivas e são sustentadores de polos de uma linha de evolução passiva, pois seus magnetismos são positivos e sustentam em seus Tronos regentes todo um processo energomagnético universal.

B

A seta B possui sete níveis.
Seus sinais são: (+ +) = masculino e positivo.
Sua leitura é esta:
Os Orixás assentados nos polos energomagnéticos dos sete níveis da seta B são todos de naturezas masculinas, são irradiadores de energias positivas e são sustentadores de polos de uma linha de evolução passiva, pois seus magnetismos são

positivos e sustentam em seus Tronos regentes todo um processo energomagnético universal.

C

A seta C possui sete níveis.
Seus sinais são: (+ -) = masculino e negativo.
Sua leitura é esta:
Os Orixás assentados nos polos energomagnéticos dos sete níveis da seta C são todos de naturezas masculinas, são absorventes de energias negativas e são sustentadores de polos de uma linha de evolução ativa, pois seus magnetismos são negativos e sustentam em seus Tronos regentes todo um processo energomagnético cósmico.

D

A seta D possui sete níveis.
Seus sinais são: (- -) = femininas negativas.

Sua Leitura é esta:
Os Orixás assentados nos polos energomagnéticos dos sete níveis da seta D são todos de naturezas femininas, são concentradores e absorvedores de energias negativas são sustentadores de polos de uma linha de evolução ativa, pois seus magnetismos são negativos e sustentam todo um processo energomagnético cósmico.

Com essas leituras, ficamos conhecendo vários aspectos dos Orixás regentes vibratórios numa linha de evolução.

Saibam que todas as evoluções naturais se processam em níveis, cujos Tronos regentes são ocupados por Orixás que chamamos de encantados ou "Orixás localizados", pois estão voltados totalmente para suas atribuições naturais de sustentadores dos polos energomagnéticos de linhas de evolução dentro de uma dimensão, seja ela bi, tri ou tetraenergética.

As evoluções naturais acontecem de forma semelhante em todas as dimensões, e a evolução no estágio humano segue o mesmo modelo, pois o seu lado espiritual possui "esferas" dentro das quais existem planos (reinos) onde espíritos com o mesmo grau de

evolução e muitas afinidades entre si vivem e absorvem conhecimentos para poderem ascender às esferas superiores.
Estes são os Orixás regentes de níveis vibratórios.

Mas existem os Orixás assentados em "pontos de forças" multidimensionais, que também são nomeados de regentes de níveis, pois suas funções são múltiplas, já que ocupam Tronos voltados para diversas dimensões ao mesmo tempo e no mesmo nível vibratório.

Esses Orixás estão ligados diretamente aos Orixás naturais regentes de dimensões e recebem irradiações energéticas e vibrações mentais que os direcionam ou estimulam, paralisam ou apassivam, tudo de acordo com as necessidades dos processos evolutivos.

Esses "Orixás" possuem um lado ou vertente voltados para a dimensão humana e atuam passiva ou ativamente sobre os seres humanos.

Orixás positivos atuam de forma passiva.

Os Orixás negativos atuam de forma ativa.

Por "passiva", entendam de dentro para fora ou racionalmente.

Por "ativa", entendam de fora para dentro ou emocionalmente.

Por "racionalmente", entendam o polo positivo dos espíritos humanos.

Por "emocionalmente", entendam o polo negativo dos espíritos humanos.

Não entendam negativo como mal ou ruim e positivo por bem ou bom. São formas de atuação e nada mais. Ogum estimula seus filhos e é ativo (-); Iemanjá apassiva suas filhas e é passiva (+); Xangô apassiva seus filhos e é passivo (+); Iansã estimula suas filhas e é ativa (-); Oxum estimula suas filhas e é ativa (-); Obaluaiê apassiva seus filhos e é passivo (+); etc.

As leituras dos Orixás não são as mesmas o tempo todo e durante todo o tempo, pois muitas são suas atribuições. E suas polaridades também não são as mesmas o tempo todo e durante todo o tempo, pois depende muito de seus atributos ou qualidades, que ora são ativas (-) e noutra linha de leitura são passivas (+).

A ciência dos Orixás sagrados é fascinante, pois tal como nas fórmulas químicas, ora são elementos ativadores dos processos químicos e ora são sustentadores, noutra são apassivadores e em outra são anuladores.

Em química encontrarão nomes análogos a estes que usamos para classificar os Orixás em suas múltiplas qualidades, atributos e atribuições.

São assim porque são mistérios regentes da natureza e Tronos celestiais regentes das evoluções e sustentadores de processos energomagnéticos.

Vamos dar uma tabela-chave, à qual poderão recorrer, caso queiram saber o nível onde atuam os Orixás do Ritual de Umbanda Sagrada.

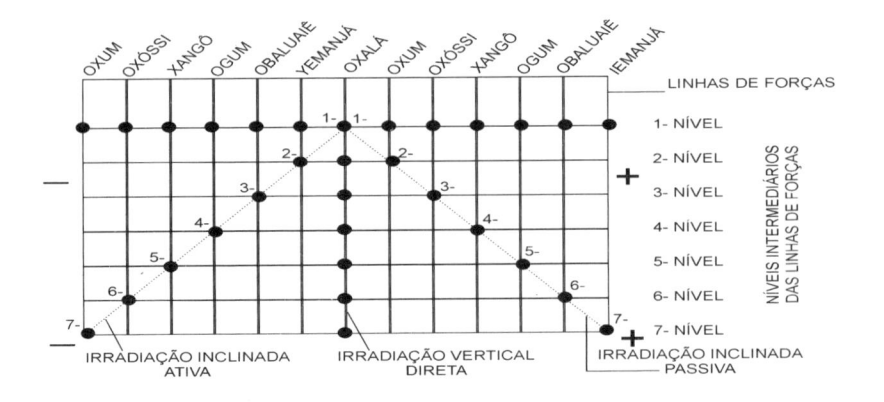

[Tabela com colunas: OXUM, OXÓSSI, XANGÔ, OGUM, OBALUAIÊ, YEMANJÁ, OXALÁ, OXUM, OXÓSSI, XANGÔ, OGUM, OBALUAIÊ, IEMANJÁ — LINHAS DE FORÇAS; níveis 1 a 7; IRRADIAÇÃO INCLINADA ATIVA, IRRADIAÇÃO VERTICAL DIRETA, IRRADIAÇÃO INCLINADA PASSIVA; NÍVEIS INTERMEDIÁRIOS DAS LINHAS DE FORÇAS]

Interpretação desta tabela:

Oxalá
+ Atuação passiva e irradiadora de "fé".
− Atuação ativa e concentradora de "fé".

Oxalá
+ Irradia nos seres as energias que estimulam o sentimento de fé e religiosidade.
− Atrai os seres que estão vibrando religiosamente sua "fé".

Observem que no 1º nível estão assentados os Orixás que vibram unicamente o sentimento identificado com a essência sustentadora da linha de forças, que no caso é a cristalina, que é fé. Esse Orixá está assentado no Trono celestial da fé e comunica-se na horizontal com os outros que pontificam no primeiro nível das linhas de forças.

Na vertical ele se comunica com os outros Orixás regentes da linha de força cristalina, todos assentados em Tronos da fé ou cristalinos.

Já nas linhas inclinadas à direita e à esquerda estão assentados seus auxiliares.

Interpretemos os gráficos:

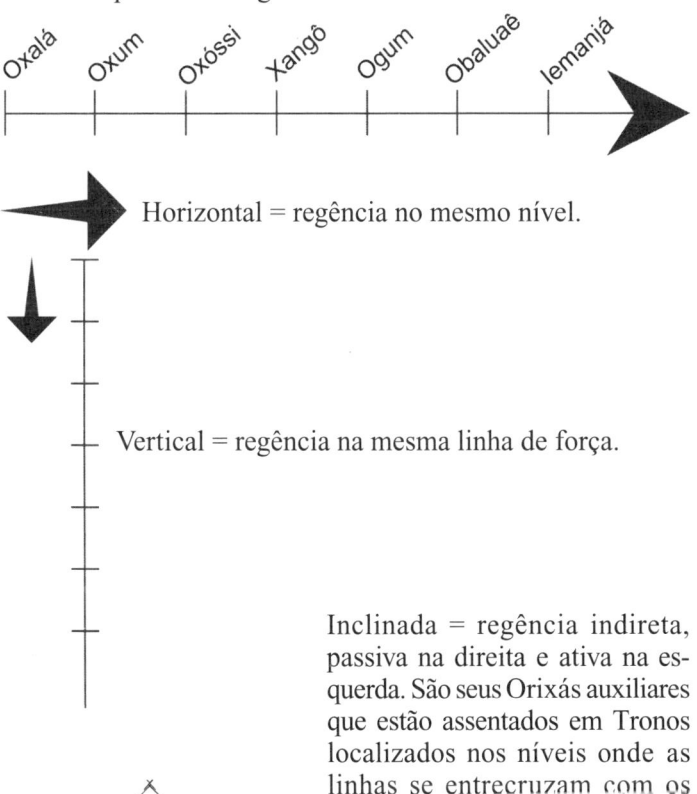

Oxalá — Oxum — Oxóssi — Xangô — Ogum — Obaluaê — Iemanjá

Horizontal = regência no mesmo nível.

Vertical = regência na mesma linha de força.

Inclinada = regência indireta, passiva na direita e ativa na esquerda. São seus Orixás auxiliares que estão assentados em Tronos localizados nos níveis onde as linhas se entrecruzam com os regentes das outras linhas de forças. Notem que temos regentes e auxiliares. Os primeiros atuam na horizontal e na vertical.

Interpretemos os sete Orixás cristalinos assentados nos sete níveis da linha de força de "fé":

1º Nível = Ocupado pelo Orixá responsável pela religiosidade. Está assentado no Trono da fé e seu nome é: Trono da Luz Cristalina.

2º Nível = Ocupado pelo Orixá responsável pelo amor religioso e seu nome é: Trono da Luz Dourada.

3º Nível = Ocupado pelo Orixá responsável pelo conhecimento religioso. Está assentado no Trono do conhecimento religioso e seu nome é: Trono da Luz Verde.

4º Nível = Ocupado pelo Orixá responsável pela harmonia religiosa. Está assentado no Trono da justiça divina e seu nome é: Trono da Luz Amarela.

5º Nível = Ocupado pelo Orixá responsável pelo equilíbrio religioso, e seu nome é: Trono da Luz Rosa.

6º Nível = Ocupado pelo Orixá responsável pela evolução religiosa. Está assentado no Trono da ascensão religiosa e seu nome é: Trono da luz Violeta.

7º Nível = Ocupado pelo Orixá responsável pela criatividade religiosa. Está assentado no Trono da geração religiosa e seu nome é: Trono da Luz Azul.

Agora observem o gráfico dos Orixás auxiliares.

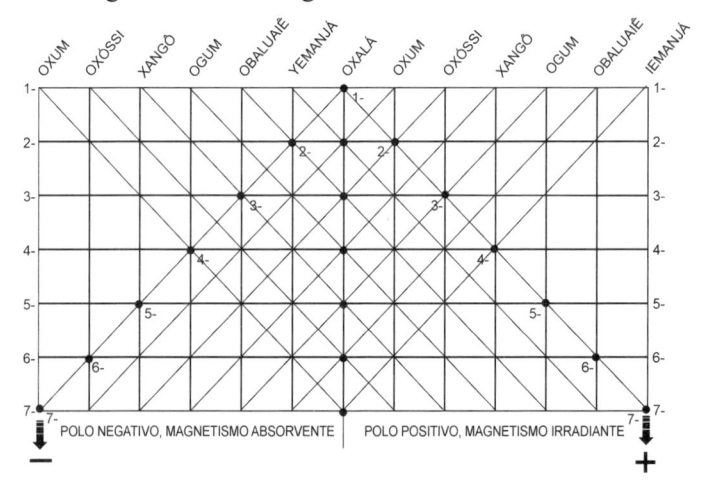

Observem que o Trono da Luz Cristalina se corresponde por meio de seus auxiliares assentados nos entrecruzamentos, nos polos positivos ou irradiadores, assim:

2º nível – Oxum – mineral.
3º nível – Oxóssi – vegetal.
4º nível – Xangô – ígneo.
5º nível – Ogum – aéreo.
6º nível – Obaluaiê – telúrico.
7º nível – Iemanjá – aquático.

E nos polos negativos ou atrativos, assim:

2º nível – Iemanjá – aquático.
3º nível – Obaluaiê – telúrico.
4º nível – Ogum – eólico.
6º nível – Oxóssi – vegetal.
7º nível – Oxum – mineral.

Já o Trono da Luz Azul, ocupado pelo sétimo regente Oxalá, a linha auxiliar irradiada de baixo para cima é vista da seguinte maneira:

Polo positivo:

6º nível – Oxum
5º nível – Oxóssi
4º nível – Xangô
3º nível – Ogum
2º nível – Obaluaiê
1º nível – Iemanjá

Polo negativo:

6º nível – Iemanjá
5º nível – Obaluaiê
4º nível – Ogum
3º nível – Xangô
2º nível – Oxóssi
1º nível – Oxum

Observem que a simetria é total. E isso quer dizer que como atua o Orixá natural Oxalá atuam de todos os seus regentes de níveis o tempo todo e durante todo o tempo, pois tanto na leitura de cima para baixo, como na de baixo para cima, nos mesmos níveis de atuação encontraremos os mesmos auxiliares.

Comecem sua leitura por onde quiserem que as assimetrias se encontrem. E caso montem outro gráfico igual a este, mas tendo outra linha de força como referencial, o mesmo ocorrerá.

E se tudo isso ocorre, é porque todos os Orixás atuam do mesmo jeito, só mudando neles suas qualidades, atributos e atribuições.

Observem um gráfico tendo Ogum como regente natural da linha de força. Vejam como o Orixá ancestral guardião da Coroa Divina nos é mostrado.

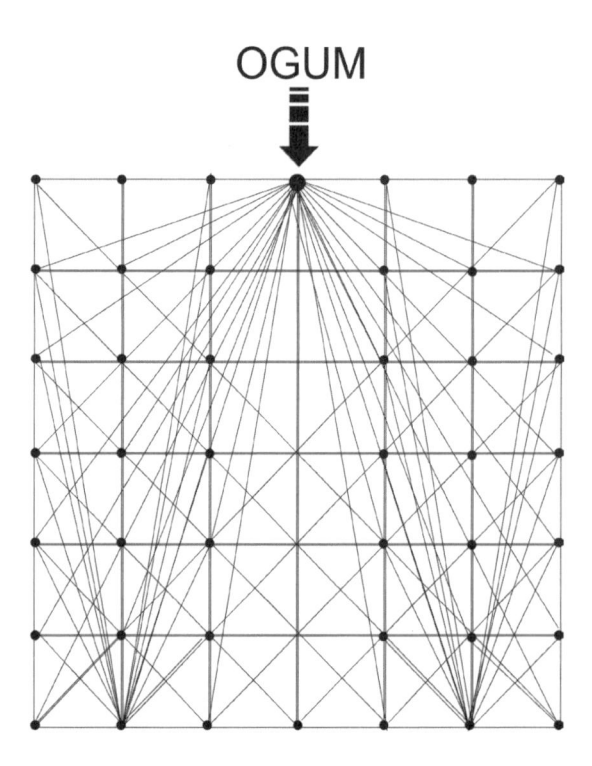

Orixás Mistos ou Polielementais

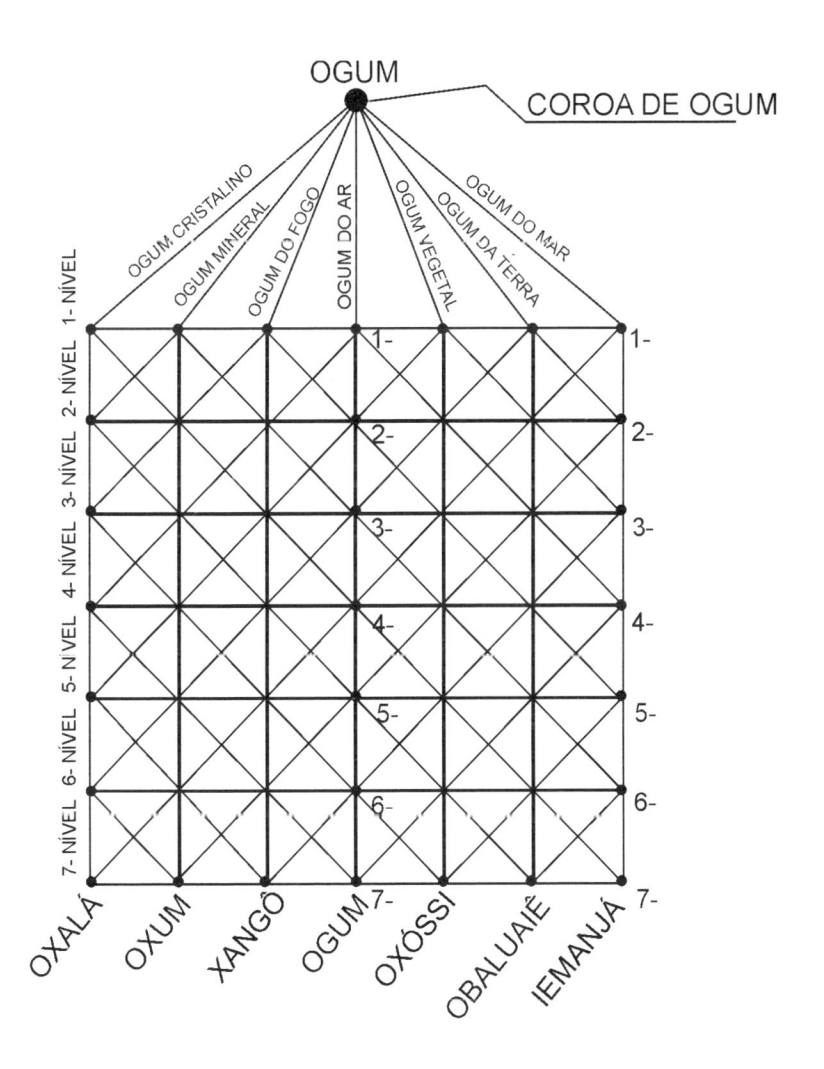

OGUM — COROA DE OGUM

- OGUM CRISTALINO
- OGUM MINERAL
- OGUM DO FOGO
- OGUM DO AR
- OGUM VEGETAL
- OGUM DA TERRA
- OGUM DO MAR

Níveis (vertical): 1- NÍVEL, 2- NÍVEL, 3- NÍVEL, 4- NÍVEL, 5- NÍVEL, 6- NÍVEL, 7- NÍVEL

Orixás (horizontal): OXALÁ, OXUM, XANGÔ, OGUM, OXÓSSI, OBALUAIÊ, IEMANJÁ

Orixás Auxiliares ou Regentes de Subníveis Vibratórios

Os Orixás auxiliares são encantados fundamentais dentro dos entrecruzamentos que acontecem nas linhas de forças, nos níveis vibratórios e nas irradiações mentais dos Orixás naturais.

Tudo é hierarquizado e cada um tem qualidades e atributos análogos às dos senhores Orixás regentes. Mas se diferenciam por causa das atribuições ou níveis onde atuam.

A função dos Orixás auxiliares é intervir quando desvios acontecem nos subníveis evolutivos, ou então ocorrem desequilíbrios energomagnéticos.

Todo Orixá natural tem sua hierarquia de Orixás regentes de níveis vibratórios, e estes, por sua vez, possuem suas hierarquias de Orixás auxiliares que atuam nos subníveis ou linhas inclinadas, interligando todos os níveis e linhas de forças.

Todos os Orixás regentes de níveis possuem duas linhas de atuação (passiva e ativa), e os seus auxiliares ou são passivos ou ativos, pois suas atribuições são diferentes.

O Ritual de Umbanda Sagrada, quando foi idealizado para atuar no plano material por meio das "Sete Linhas de Umbanda", baseou-se nas hierarquias naturais e nos seus procedimentos.

Ele foi criando hierarquias humanas ativas e passivas, masculinas e femininas, irradiantes e concentradoras, positivas e negativas, que pouco a pouco foram manifestando-se na linha dedicada aos espíritos humanos dentro dos candomblés.

E tanto cresceram e realizaram em prol da evolução espiritual que o Ritual de Umbanda Sagrada assumiu seu grau de "religião aberta" a todos os seres humanos em todo o planeta.

Gráfico dos regentes do primeiro nível.

Começamos em (L/) para melhor explicarmos:

1º Tela refletora dos Orixás regentes de níveis.

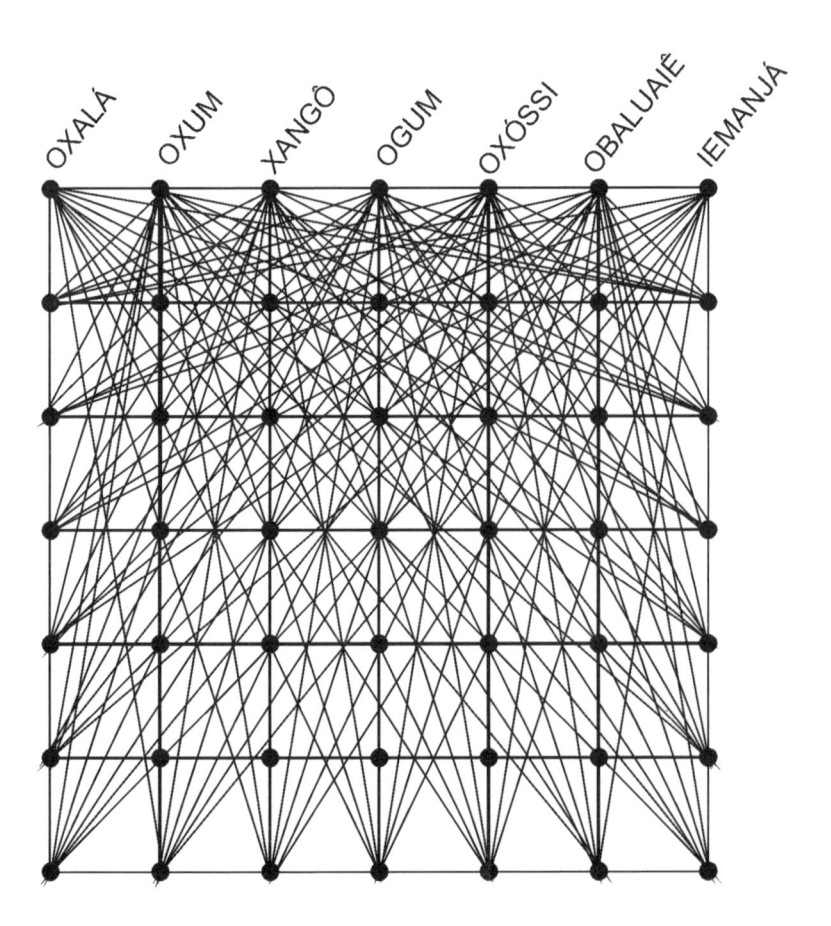

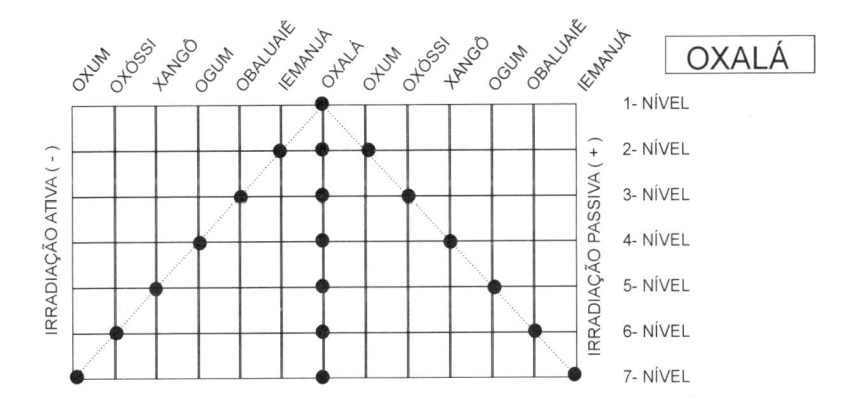

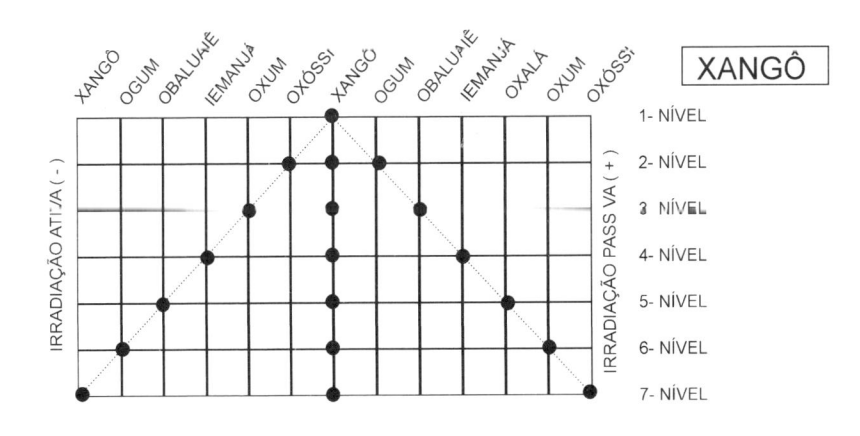

Orixás Auxiliares ou Regentes de Subníveis Vibratórios **113**

OXALÁ

XANGÔ

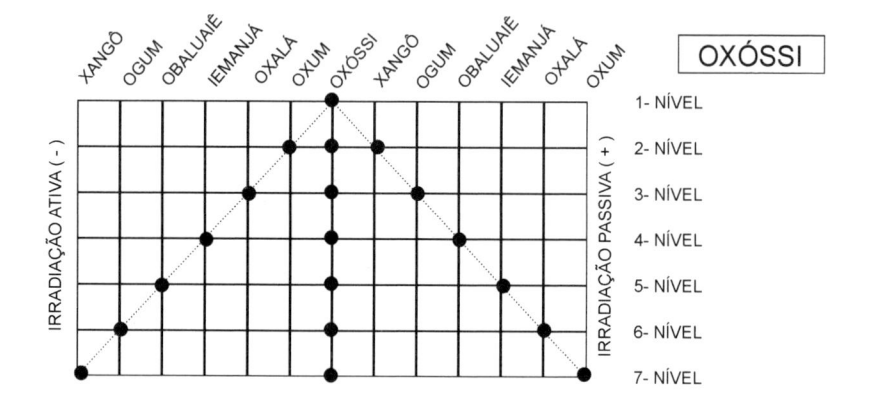

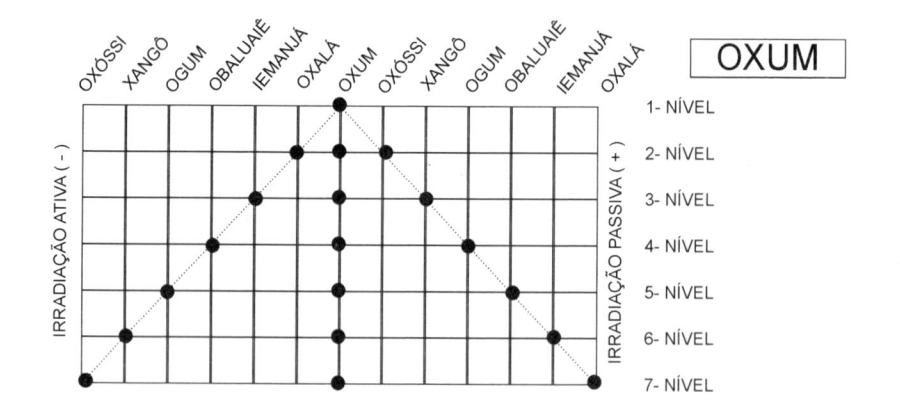

114 _____ *As Sete Linhas de Umbanda* _____

OXÓSSI

OXUM

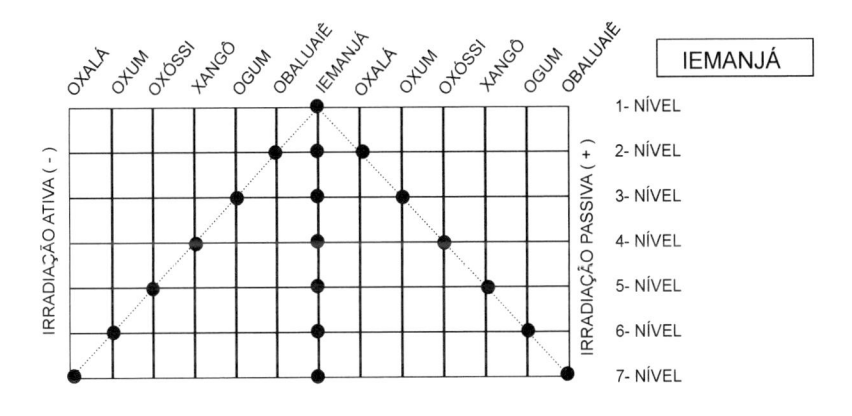

_____ *Orixás Auxiliares ou Regentes de Subníveis Vibratórios* _____ 115

IEMANJÁ

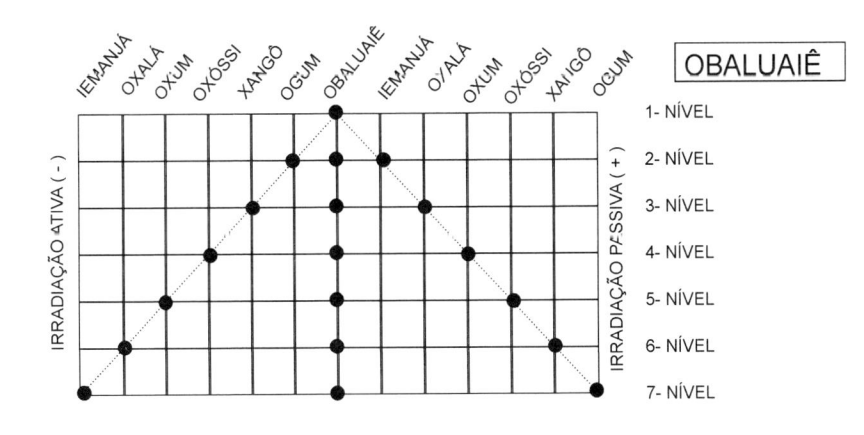

OBALUAIÊ

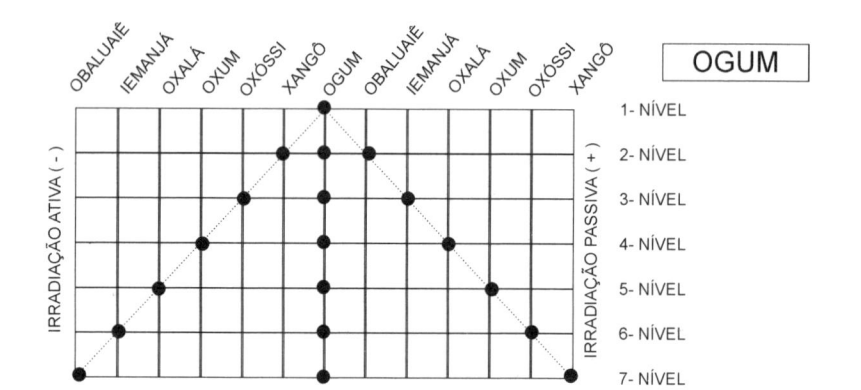

116 _____ *As Sete Linhas de Umbanda* _____

OGUM

	OBALUAIÊ	IEMANJÁ	OXALÁ	OXUM	OXÓSSI	XANGÔ	OGUM	OBALUAIÊ	IEMANJÁ	OXALÁ	OXUM	OXÓSSI	XANGÔ	
							●							1- NÍVEL
					●			●						2- NÍVEL
				●					●					3- NÍVEL
IRRADIAÇÃO ATIVA (-)				●			●			●				4- NÍVEL
		●					●					●		5- NÍVEL
	●						●						●	6- NÍVEL
							●							7- NÍVEL

IRRADIAÇÃO PASSIVA (+)

Mistérios
de Umbanda

Mistérios: O que São e como Atuam em Nossa Vida

Mistério é tudo aquilo que a inteligência humana é incapaz de explicar ou compreender e apreender em sua totalidade.

Tudo no Universo é energia e tudo vibra, pois tudo tem seu magnetismo individual que o identifica e o distingue.

Não há dois seres com o mesmo magnetismo.

Magnetismo é a qualidade divina que dá origem a tudo. Cada magnetismo é um fator divino.

A gênese divina combina fatores ou magnetismo e dá origem às coisas existentes (matéria, seres, criaturas e espécies).

Então, um mistério é a combinação de fatores ou magnetismos, tanto puros como mistos, que darão forma a um outro magnetismo "composto", que vibrará num padrão ou grau só seu e de mais nenhum outro mistério.

Na natureza, algumas coisas se combinam, outras se neutralizam e outras se anulam e combinam, dando origem a novas coisas. Com os mistérios acontece a mesma coisa. Uns anulam outros; uns combinam-se com outros e outros irradiam-se ao lado de outros, mas não se anulam ou se combinam, porque, entre eles, são neutros.

Existem mistérios unipolares (fluem numa só direção), bipolares (fluem em duas direções) e tripolares (fluem em três direções), os quais também possuem um polo neutro que facilita sua atuação, pois o mistério recorre a este seu polo para fluir lado a lado com outros mistérios sem os anular, sem combinar com eles e sem os alterar ou ser alterados por eles.

Isso também acontece com as divindades, pois assim uma não "invade" a faixa de atuação das outras.

Cada magnetismo é irradiado num padrão vibratório próprio. Suas ondas têm comprimentos diferentes, não se tocando ou se misturando ou se anulando. E com isso não criam um caos vibratório e energético.

Os mistérios são regidos pelos Tronos de Deus que estão assentados em Tronos Energéticos, formando as hierarquias divinas responsáveis pela sustentação da evolução dos seres e pela manutenção da harmonia dentro da faixa vibratória, através da qual fluem suas irradiações energéticas.

Existem Tronos que se irradiam no sentido vertical, horizontal ou perpendicular, à direita ou à esquerda.

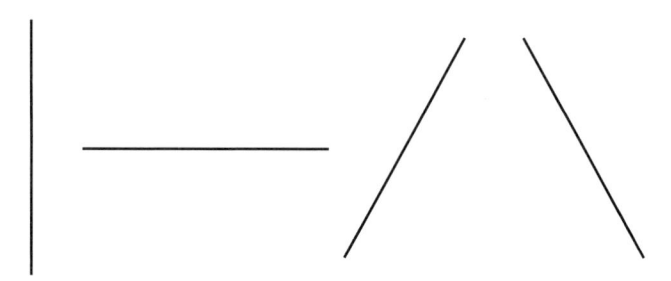

Irradiação vertical – Trono Maior.
Irradiação horizontal – Trono Intermediário ou Médio.
Irradiação perpendicular – Trono Menor ou Intermediador (Guias de Lei).

Trono Maior – Pode ser regente de uma irradiação ou de uma hierarquia, pois seu magnetismo vai "descendo" através dos graus vibratórios, alcançando a tudo e a todos. Mas também pode ser regente de toda uma dimensão, na qual seu magnetismo é básico e dá sustentação aos Tronos regentes dos graus magnéticos de sua escala "pessoal".

Esses graus magnéticos formam as faixas vibratórias onde vivem os seres regidos pelos Tronos Regentes de Níveis, que por sua vez possuem outra escala magnética "interna" só da faixa que rege e cujos graus assumem a denominação de subníveis vibratórios, nos quais estão localizadas as moradas dos seres sob o amparo dos regentes das faixas.

Estes subníveis são regidos por Tronos Auxiliares. E se assumem essa condição de intermediadores é porque são os polos de interseção entre as irradiações verticais com as horizontais, irradiando-se sempre perpendicular a elas.

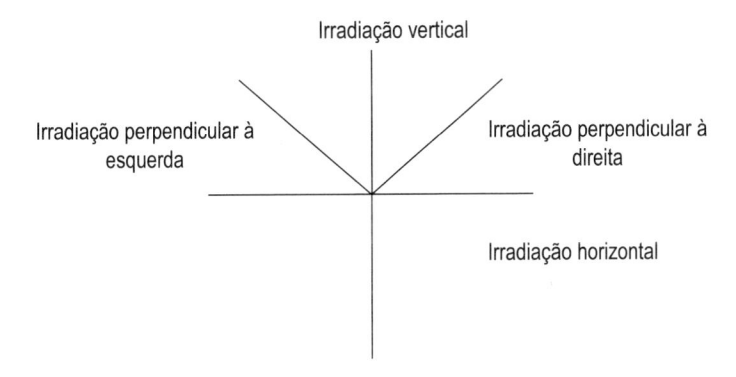

```
                    Irradiação vertical
                           |
      \                    |                    /
       \                   |                   /
Irradiação perpendicular à \                  / Irradiação perpendicular à
        esquerda            \                /          direita
                             \              /
  ────────────────────────────┼────────────────────────────
                              |
                              |
                              |  Irradiação horizontal
                              |
                              |
```

Esses Tronos tanto atraem seres para os seus subníveis vibratórios como os direcionam para outros níveis, tanto mais acima do seu quanto mais abaixo, caso isto seja necessário à evolução deles.

Uma irradiação vertical alcança todos os seres de uma dimensão. Ela apenas vai passando por adaptações magnéticas aos níveis ou faixas, e aos subníveis ou subfaixas vibratórias.

Já a irradiação horizontal destina-se a criar nos seres uma harmonia total. Se durante a evolução um ser for conduzido a uma nova faixa vibratória pelo regente do subnível onde estagiava, terá de permanecer nela até que seus sentimentos íntimos alcancem afinidade total com os irradiados pelo seu novo regente, cujo magnetismo individual começa a atuar assim que ele entra em sua faixa vibratória. E só deixará de influenciá-lo e retê-lo dentro dela quando ele se tiver afinizado magnética, energética, vibratória e emocionalmente como o mistério irradiado pelo Trono regente da nova faixa vibratória que o acolheu, amparou, instruiu, sustentou e irá encaminhá-lo a uma nova faixa.

Todo o Ritual de Umbanda Sagrada foi fundamentado nos mistérios divinos e por isso é uma religião aceleradora da evolução e direcionadora dos seres que se colocarem sob sua irradiação religiosa e divina.

O nome simbólico de um "guia de lei" ou de um "Exu de lei" está sinalizando o seu campo de atuação na vida dos seres e está mostrando parcialmente sob qual das sete irradiações verticais ele atua e de qual mistério é o seu manifestador "religioso" em nível terra.

O Mistério Exu

Com a permissão do divino Mehór yê, Trono Guardião do Mistério Exu no Ritual de Umbanda Sagrada.

A Umbanda tem em Exu uma de suas linhas de trabalhos espirituais, assim como as têm na linha de Caboclos, Crianças, Pretos-Velhos, Baianos, Boiadeiros, Marinheiros e Sereias, todas regidas pelos Orixás.

Saibam que o Mistério Exu é polêmico justamente porque atua de forma dual e sempre magística. Mas, para entendê-lo realmente, temos de voltar ao passado e à sua origem, onde foi "humanizado" e começou a atuar de forma direta na vida dos seres.

Na África, Exu é tido como uma divindade da mesma grandeza que os Orixás. É muito respeitado e temido, pois sua natureza dúbia e seus modos tortos de dar solução a um problema confundem quem a ele recorre.

Normalmente, durante os cultos, primeiro saúdam Exu com cantos, pedem sua proteção e depois o despacham com uma oferenda (o padê de Exu), em que lhe são servidos seus alimentos rituais.

Esse é um procedimento geral, além do que toda casa de culto tem seu assentamento de Exu, no qual foi assentado o Exu da casa ou correspondente ao Orixá de cabeça do sacerdote que a dirige.

Isto é norma e é correto. Assim foi estabelecido como regra de procedimento em relação ao Mistério Exu.

Mas Exu tem um vasto campo de atuação dentro do culto aos Orixás, pois é tido como o mensageiro das ordens e vontades deles, que não se comunicam diretamente com os encarnados.

Exu "fala" por meio dos búzios e revela os odes do jogo divinatório em que é o intérprete qualificado para tanto e aceito por todos como tal.

Mas ele também atua como elemento mágico e pode ser colocado em ação mediante uma oferenda depositada numa encruzilhada, num caminho, etc., sempre em acordo com o objetivo que se deseja alcançar.

Ele, se não curar uma doença, certamente mostrará a quem o invocou e oferendou, como curá-la ou a quem deverá recorrer para ser curado.

Se não puder solucionar uma pendência, a manterá em suspenso até que surjam as condições ideais para encerrá-la.

Se não puder auxiliar a pessoa a conseguir o que pediu, certamente a ajudará na conquista de algo parecido.

Tudo isto é Exu no culto tradicional aos Orixás, realizado na África. Mas também recorrem a ele para muitas outras coisas, porque jamais esgotaram seus mistérios ocultos, todos ativáveis por meio de oferendas rituais e de magias com recursos materiais.

Como a Umbanda é uma religião e, como todas as outras, tem seu lado cósmico, ativo e punitivo, então o centrou em Exu e seu oposto complementar feminino, e o elegeu como mistérios responsáveis pelo esgotamento de carmas ou débitos com a Lei Maior, expandindo seus campos de ação e atuação, tanto na magia quanto na vida dos seres.

Saibam que toda religião tem seu lado luminoso (positivo e amparador) quanto escuro (negativo e punidor).

Com a Umbanda não poderia ser diferente, já que é um dever de toda religião dar o amparo aos seus adeptos e estimulá-los a evoluir, como deverá puni-los por meio de seus recursos cósmicos, caso eles se desviem da conduta tida como correta pela sua doutrina.

Toda religião possui essa dupla função, porque todo fator de Deus tem seu duplo aspecto, sendo uma parte positiva e outra negativa.

As partes positivas dos fatores divinos são geradas e regidas pelas divindades luminosas, irradiantes e positivas. Já as partes negativas deles são geradas e regidas por divindades cósmicas, absorventes e negativas.

E, mesmo a parte positiva ou negativa tem sua dupla polaridade, sendo um polo ativo e outro passivo.

Saibam que a parte negativa de um fator divino é absorvida por criaturas que são regidas pelos instintos e possuem uma natureza instintiva. Já a parte positiva de um fator é absorvida pelos seres racionais, cuja natureza é racionalista.

O fato é que todo Orixá é uma divindade e tem como atribuição tanto o amparo aos seres como a punição dos que não se deixarem conduzir segundo os princípios divinos, dos quais ela é sua regente natural.

Saibam que o Orixá Exu é uma divindade cósmica que gera e irradia um fator que vitaliza os seres e, por isso, foi associado à sexualidade humana como "manipulador" do vigor sexual. Seu símbolo fálico já é um indicador eloquente de seu mistério original.

Mas o "vigor" de Exu não se aplica só à sexualidade, pois o vigor está em todos os sentidos da vida de um ser que, ou é vigoroso na fé, no conhecimento, no amor, na lei, etc., ou tornar-se-á apático, desinteressado e pouco curioso acerca da criação divina.

Exu é esse vigor que ativa todos os sentidos de um ser, estimula-o, excita-o até mover-se e buscar algo novo, em todos os campos.

Exu tanto gera e irradia o fator vigor como o retira e absorve. Logo, se usado como recurso mágico dentro do campo cósmico de uma religião, ele adquire um poder único e de inestimável valor, pois tanto pode estimular a fé em alguém apático como pode esgotá-la em alguém que estiver fanatizado ou emotivado na sua crença.

E, por ser agente cármico, a própria Lei Maior o ativa e ele começa a atuar como paralisador ou esgotador de carmas grupais ou individuais.

Saibam que estas "facetas" de Exu é que o tornam tão polêmico, pois mesmo pessoas que não cultuam os Orixás acabam sendo ativadas pelo mistério Exu. E por ser elemento mágico, qualquer um pode recorrer a ele, evocá-lo, ativá-lo ou desativá-lo, bastando saber como, já que, por ser um elemento mágico, só é ativado ou desativado se o evocarem ritualmente.

Saibam que todo elemento mágico não tem a livre iniciativa de autoativar-se. Ou alguém o ativa ou ele permanecerá neutro.

Portanto, se alguém estiver sendo ativado por Exu, é porque alguém o ativou e direcionou contra essa pessoa que está sofrendo a atuação dele. Logo, tanto pode ser um desafeto, quanto a própria Lei Maior que o ativou.

Se foi um desafeto, à pessoa atuada bastará recorrer a algum médium, que este poderá desmanchar, quebrar ou virar a atuação. Mas se foi a Lei Maior, aí a desativação fica difícil e só com uma transformação íntima da pessoa atuada ela o desativará.

Um elemento mágico assume a condição de "universal" se a Lei Maior abri-lo a todos, independentemente de sua religião. E Exu é um elemento mágico "universal" ou aberto a todos.

É trabalhoso lidar com uma atuação da Lei, e a pessoa que a está sofrendo só deixará de ser atuada caso reformule toda a sua vida, transforme seus sentimentos íntimos e deixe de atuar injustamente contra seus semelhantes, que aos olhos de Deus é seu irmão.

Raramente essas atuações são descobertas, e os guias espirituais que as vê são reticentes quanto à origem delas (a lei), preferindo orientar a pessoa que está sendo punida a trabalhar seu emocional e despertar em seu íntimo os sentimentos de amor, fé, respeito e fraternidade, pois, vibrando-os, a pessoa assume uma nova postura e deixa de ser atingida pela irradiação negativa que a está paralisando e atormentando.

Mas, se mesmo orientado, continuar a vibrar injustamente contra um semelhante, aí guia nenhum conseguirá ajudá-lo. Isto leva muitas pessoas que estão punidas pela Lei a buscarem o abrigo em seitas miraculosas ou messiânicas, cujos astutos líderes prometem a cura de todos os males, a solução de todos os problemas e a salvação eterna.

De certa forma, essas seitas milagreiras ou salvacionistas ajudam as pessoas que as procuram, porque as induzem a uma mudança total de atitudes, caráter, moral e religiosidade, colocando-as numa dependência direta e total, tirando-lhes o livre-arbítrio religioso e realizando uma verdadeira limpeza religiosa na mente delas. Mas muitos se fanatizam, exacerbam os ânimos e voltam-se furiosamente contra Exu e contra os Orixás.

Pessoas que se fanatizam, com toda a certeza não encontrarão nenhum Exu quando desencarnarem, mas também não encontrarão nenhuma divindade e muito menos as que distorceram com seus fanatismos e ódios as outras religiões e seus fiéis. Mas com certeza se verão de frente com o mais temido dos Tronos cósmicos punidores: Lúcifer, o senhor das ilusões, dos fanáticos e dos revoltosos religiosos!

O símbolo mágico original de Exu é um "falo", já o tridente é outro símbolo mágico universal de cujo mistério Exu se apossou, pois viu nele um recurso adicional às suas atuações, e o usa tanto como "arma" como para irradiar um tipo de energia penetrante, que perfura a aura de uma pessoa e inunda seu corpo energético, desequilibrando sua vibração e seu magnetismo, assim como o usa para desenergizar uma pessoa, um espírito desequilibrado ou mesmo uma magia que esteja vibrando no astral.

Mas o falo totêmico ou o tridente mágico não são os únicos símbolos de Exu, pois no decorrer do tempo muitos outros ele foi possuindo e incorporando como recursos vitalizadores ou desvitalizadores de magias, atuações, reações e choques cármicos.

A Umbanda absorveu o Mistério Exu e o assentou à sua esquerda, onde rege inúmeros mistérios dos Orixás em seus aspectos negativos.

Com isso, Exu tornou-se o único acesso religioso aos recursos punitivos que em outras religiões estão difusos, mal interpretados e mal explicados e, em vez de serem aceitos, são anatematizados, excomungados, amaldiçoados, etc., pelos seus sacerdotes, que vivem a alertar seus fiéis sobre suas condutas pessoais e seus deveres religiosos, mas não entendem que, se falharem, errarem e pecarem, serão atuados por um dos aspectos negativos da divindade que cultuam.

Com isso, em vez de alertarem seus fiéis acerca do que realmente está atuando sobre eles no sentido de repararem seus erros e reformularem seus princípios, seus conceitos religiosos e suas condutas pessoais, jogam tudo nas costas do "diabo", livrando o homem da responsabilidade pelos desmandos e miséria que afligem a Humanidade.

Os homens são os responsáveis pelas dificuldades materiais da Humanidade, pois a ambição e o egoísmo desvirtuam a política, e a corrupção desvirtua o caráter e a moral. Mas nós vemos supostos líderes religiosos lançando a culpa no demônio ou outra entidade abstrata, mas muito viva no imaginário religioso popular.

Para os responsáveis pelo País, isso é ótimo porque os isenta de culpas e encobre os incompetentes, os maus aplicadores dos recursos públicos, e serve aos seus interesses, já que até eles podem se eximir, caso aleguem que todos os males do mundo se devem a um ente infernal abstrato.

Portanto, se quiserem ser bons sacerdotes, aprendam isto: a causa dos males do mundo está no próprio ser humano, egoísta, mesquinho, volúvel, corruptível, ambicioso, prepotente e apegado aos vícios desvirtuadores da moral e do caráter. E, se Exu foi ativado contra alguém por uma pessoa, não foi por influência do demônio, mas porque quem o ativou é alguém que se encaixa em um dos termos usados como os causadores dos males do mundo.

Não foi aberto para a dimensão material o mistério Exu feminino. Logo, quem escreve que Pombagira é Exu fêmea, não sabe nada sobre este outro mistério da Umbanda.

Afinal, Exu é elemento mágico cósmico e agente cármico, cujo mistério e divindade regente gera e irradia o fator "vigor". Já tem como divindade cósmica e regente uma que gera e irradia o fator "desejo".

Os fatores vigor e desejo se completam, porque vigor sem desejo não se torna ativo, e desejo sem vigor logo se esgota.

Saibam que existe uma dimensão da vida, paralela à dimensão humana, cuja energia principal é vitalizadora, e é habitada por seres "Exu", que são tantos que talvez alcancem a casa dos trilhões.

Todos são regidos por uma divindade cósmica, que denominamos divindade X, porque seu nome sagrado não pode ser revelado ao plano material.

O Trono Guardião dos Mistérios dessa dimensão é o divino Mehór yê, divindade cósmica que polariza com o Orixá Ogum.

Enquanto Mehór yê é o Guardião dos Mistérios do Vigor Divino, Ogum é o Guardião da Potência Divina, e ambos formam uma dupla polaridade na onda viva ordenadora da criação em níveis planetário e multidimensional.

Esta energia vitalizante da dimensão "X" não desperta nenhum desejo sexual, mas tão somente vitaliza os seres em todos os sete sentidos da vida.

Os vórtices planetários multidimensionais retiram dessa dimensão suas energias vitalizadoras e as distribui para todas as outras setenta e seis, não deixando nada nem ninguém sem as receber, pois por eles passam todas as correntes eletromagnéticas transportadoras de energias essenciais já fatoradas.

Portanto, se alguém disser que Exu é sinônimo de "demônio", ensinem isto, pois Deus tem toda uma dimensão da vida, toda habitada por seres naturais muito parecidos conosco, e nela nenhum deles tem chifre e rabo, não solta fogo pela boca nem vive atormentando-se uns aos outros; eles convivem entre si muito melhor que nós, os humanos.

Agora, como elemento mágico e agente cármico, Exu é mais um dos muitos mistérios da religião de Umbanda Sagrada, que congrega em suas linhas de trabalhos seres de muitas dimensões da vida.

Para finalizar, saibam que os Exus, ao se apresentarem com um nome simbólico, por meio deste está revelando qual é seu principal campo de atuação, qual é o aspecto negativo que ativa ou desativa e a qual divindade e mistério serve ou ao lado da qual se assentou para lidar com seus aspectos negativos.

A Dimensão Natural de Exu

A dimensão natural de Exu (ser que nunca encarnou) é saturada de energia que vitaliza os seres. E os seus habitantes naturais (os Exus) são geradores naturais (geram em si) de um tipo de energia que, quando eles a irradiam para alguém, o vitalizam fazendo com que se sinta forte e vigoroso. Feliz mesmo!

Por isso, Exu, quando baixa em seu médium, gargalha à solta.

Exu natural transpira essa alegria natural e até sorri com nossas tristezas e tormentos.

Exu natural não conhece os sentimentos de tristeza, mágoa ou remorso, pois não os gera em si, mas tão somente de si.

Este gerar de si, ele gera nos outros seres quando os atinge com seu mistério em seu aspecto negativo, que é desvitalizador. Mas não os gera em si nem os vibra quando se manifesta em seus médiuns, aos quais ofendem chamando-os de burros, idiotas, etc., pois, se não os gera em si, não entende as razões de os seus médiuns gerá-los em seus íntimos e exteriorizá-los em vários sentidos.

Logo, a dimensão natural de Exu desconhece a tristeza, a mágoa e o remorso. E quando é evocado para punir alguém, Exu faz o seu trabalho muito bem feito porque não sente remorso, mágoa ou tristeza ao ver que quem ele está punindo está sofrendo.

Exu vê isso com bons olhos, pois sabe que, se não gera em si esses sentimentos, no entanto os gera de si (a partir de sua atuação), porque só assim a vida do ser atuado passaria por uma transformação.

Por isso, Exu é cósmico e transformador... da vida alheia.

Os Exus naturais são seres muito alegres, bem humorados e pilheriadores, não se ofendendo com facilidade.

Mas se Exu não gera em si a tristeza, a mágoa e o remorso, no entanto gera a confusão mental, a distorção visual e a paralisia racional. E com isto pode, muito facilmente, tomar o errado pelo certo, o torto pelo reto, o mais fácil pelo mais correto e o mais prazeroso pelo mais racional. E sua visão das coisas pode sofrer distorções acentuadas, levando-o a voltar seu mistério punidor justamente contra quem o evocou, num retorno violento que pode arruinar a vida de quem o ativou magisticamente.

Quanto à paralisia racional que Exu gera em si, torna-se muito perigosa para seus médiuns caso eles vivam metendo-os em encrencas, pois, se ele se vê muito encrencado, volta-se contra quem o encrencou (no caso, o seu próprio médium).

Exu natural é muito interesseiro e gosta de bisbilhotar a vida alheia. E por isso Exu é o recurso oracular dos jogadores de búzios, pois não tem o costume de guardar para si o que vê na vida dos outros. Exu vai logo expondo o que está vendo, não se importando se o que está revelando vai ajudar ou atrapalhar quem o está consultando.

Na dimensão em que vive Exu natural, tudo o que acontece nas outras ali é refletido, pois é uma dimensão especular, e tudo é revelado porque Exu é oracular. Logo, tudo o que acontece nas outras dimensões torna-se conhecido de Exu. Por isso, ele sabe de tudo sobre os médiuns e seus Orixás, e vai logo apontando com quais eles estão em falta ou por qual está sendo punido.

Exu revela tudo, mas não se envolve com nada se não for pago. Essa sua característica o tornou o recurso preferido dos Orixás, pois estes têm nele um mistério oracular neutro mas que, assim que revela algo, também se interessa pela resolução do que revelou, desde que seja oferendado.

Com isso, Exu tanto revela quanto soluciona, pois é um mistério em si mesmo que se torna muito ativo se se interessar pelas suas revelações.

Quem não conhece o Mistério Exu até pode associá-lo aos entes infernais judaico-cristãos. Mas Exu é o oposto deles, que atuam movidos pela Lei ou por vingança, enquanto Exu, mesmo quando ativado pela Lei, requer todo um cerimonial diferenciado porque não se envolve com o carma de quem irá sofrer sua atuação, seja magística ou punitiva.

Exu, na magia, só responde se for evocado ritualisticamente e se for oferendado. E ainda assim, caso seja descoberto, interrompe sua atuação e até pode virá-la contra quem o evocou e oferendou ritualmente.

Logo, Exu é um elemento mágico por excelência. E, quando Exu é ativado pela Lei Maior (pelos Tronos Regentes), não é o ser Exu que é ativado, mas sim o Mistério Exu, que é agente cármico e elemento mágico, mas não um ente infernal, tal como o descreve a teologia judaico-cristã, desconhecedora dos Mistérios Naturais (associados a elementos da natureza).

Exu tem origem, meio e fim dentro da criação divina do Divino Criador. E seu fim não é habitar os infernos religiosos das muitas crenças ou crendices já semeadas na face da terra por seus pseudoteólogos.

Na dimensão natural de Exu não existem seres do fogo, da água, da terra, do ar, dos minerais, dos vegetais ou dos cristais, mas sim seres que geram em si o fator vitalizador e que desenvolvem certas faculdades, as quais tornam-se vitalizadores do elemento telúrico, e daí surgem os Exus da terra; outros tornam-se vitalizadores do cristal, e daí surgem os Exus dos cristais; outros tornam-se vitalizadores do elemento vegetal, e daí surgem os Exus vegetais ou das matas; outros tornam-se vitalizadores da água, e daí surgem os Exus da água; outros tornam-se vitalizadores do elemento eólico, e daí surgem os Exus do ar.

Então, Exu é um ser natural que gera em si o fator vitalizador e tanto pode vitalizar quanto desvitalizar os seres geradores naturais dos outros fatores.

Na religião de Umbanda, Exu ocupa um lugar à esquerda dos médiuns e é o melhor intérprete das vontades maiores manifestadas pelos senhores Orixás, porque sua dimensão natural é "especular" e nela todas as outras se refletem.

Exus na Umbanda — Um Mistério de Deus e um dos Fatores Divinos

Deus gera muitos fatores e um deles é conhecido como fator vitalizador.

Este fator vitalizador é puro e original e está em tudo o que Deus criou, pois, por ser uma qualidade original D'Ele, está em tudo e em todos que foram criados por Ele.

Logo, a vitalidade é uma qualidade de Deus e é um dos seus mistérios, no qual Deus também gerou uma de suas divindades.

Essa divindade gerada por Deus na sua qualidade vitalizadora é uma geradora natural do fator vitalizador, que está espalhado por toda a criação divina, vitalizando-a.

Esta divindade de Deus tem um nome que é Exu!

Logo, Exu é uma divindade de Deus e é um de seus filhos unigênitos, ou único gerado, dotado com o poder de gerar o fator vitalizador.

Portanto, Exu Puro só existe um e seu poder vitalizador se estende por todo o Universo e influencia até os outros Orixás, pois sem "vitalidade" nada flui, avança, prospera ou se multiplica.

Com isso explicado, então as lendas de Exu estão corretas, pois nelas ele é descrito como "irmão" de Ogum, Oxóssi, etc., mas um irmão temido ou rejeitado, evitado mesmo.

Nós entendemos essas reservas em relação a Exu como um receio quanto ao seu fator vitalizador e a um dualismo só encontrado neste Orixá: a capacidade de vitalizar e de desvitalizar, qualidade esta que não é encontrada nos outros Orixás.
Sim, Ogum gera a ordem e é em si a potência divina.
Xangô gera o equilíbrio e é em si a razão divina.
Oxóssi gera o conhecimento e é em si a onisciência divina.
Oxalá gera a fraternidade e é em si a congregação divina.
Oxum gera o amor e é em si a concepção divina.
Iemanjá gera a criatividade e é em si a geração divina.
Mas há um aspecto, a considerar com relação a Exu: se ele gera a vitalidade e é em si a fertilidade divina; no entanto, o seu duplo aspecto natural o torna temido porque pode desvitalizar e tornar estéril qualquer coisa ou ser que sofrer sua ação desvitalizadora.
Assim como os outros Orixás, ele também gera sua hierarquia divina formada por Exus mistos, tais como:
– Exu do Fogo, associado a Xangô.
– Exu da Terra, associado a Omolu.
– Exu da Água, associado a Iemanjá.
– Exu dos Minerais, associado a Oxum, etc.
Exu é unigênito e influencia toda a criação divina, pois é em si a própria vitalidade que a imanta, dotando-a da capacidade de autossustentar.
Como divindade, Exu gera sua hierarquia divina formada por Exus vitalizadores dos sentidos. E aí surgem, entre muitos, estes Exus mistos:

1º Exu misto – Exu vitalizador ou desvitalizador da fé ou de Oxalá.

2º Exu misto – Exu vitalizador ou desvitalizador da concepção ou de Oxum.

3º Exu misto – Exu vitalizador ou desvitalizador do raciocínio ou de Oxóssi.

4º Exu misto – Exu vitalizador ou desvitalizador da justiça ou de Xangô.

5º Exu misto – Exu vitalizador ou desvitalizador da lei ou de Ogum.

6º Exu misto – Exu vitalizador ou desvitalizador da evolução ou de Obaluaiê.
7º Exu misto – Exu vitalizador ou desvitalizador da geração ou de Iemanjá.

Mas todos os Orixás têm Exus vitalizadores ou desvitalizadores dos seus mistérios, pois Exu é dual e tanto pode dar (vitalizar) como tirar (desvitalizar). É este seu duplo aspecto que o torna temido e evitado pelos outros Orixás.

Exu é uma divindade e, como tal, também atua religiosamente na vida dos espíritos e atrai tantos quantos se afinizarem com seu dualismo natural, fazendo surgir linhagens de seres naturais ou de espíritos que já encarnaram, que têm esta faculdade dual em outros fatores.

Esses seres naturais, não encarnantes, e os espíritos (encarnantes), por serem duais, afinizam-se com a divindade pura Exu, assentam-se nas hierarquias dos Exus mistos e tornam-se manifestadores das qualidades vitalizadoras-desvitalizadoras deles.

Esses seres naturais e espíritos têm como seus regentes ancestrais os outros Orixás, mas, como desenvolveram o dualismo, então surgem as linhagens de Exus de Ogum, de Oxóssi, de Xangô, de Omolu, etc., todos manifestadores das qualidades duais da divindade Exu.

Os seres naturais Exus sempre serão o que são: Exus naturais. Já os espíritos que passaram pela imantação do mistério misto que os rege se "exunizaram" e tornaram-se espíritos naturalizados Exus.

Esta condição ou grau não é definitiva, mas, sim, um recurso para que estes espíritos retomem suas evoluções sob a irradiação do Mistério Exu. Porém, quando resgatam seus carenas ou os abrandam, têm a oportunidade de conquistar outros graus religiosos duais, tais como os graus "Baiano", "Boiadeiro", "Marinheiro", etc., (por etc. entendam graus duais que ainda surgirão dentro da Umbanda).

Exu, na religião Umbanda, é um mistério regido pela divindade Exu e é um grau ou uma condição transitória, pois faculta aos espíritos evolutivamente paralisados que retomem suas evoluções sob o manto protetor desse mistério dual do nosso divino Criador, do qual pouco sabemos, mas que tem muita influência em nossa vida, pois vitaliza-a quando estamos agindo corretamente e desvitaliza-a quando estamos agindo erroneamente.

Exu — O Guardião do Ponto de Força das Trevas

Falar a respeito dos Exus é algo muito complicado e delicado, porque sua força de atuação é maior e mais variada do que imaginamos.

Exu, no Ritual de Umbanda, é força ativa por excelência. E, como Guardião das Trevas, tem uma função definida pela Lei Maior que nós não podemos colocar em dúvida.

O que é estabelecido religiosamente pela Lei Maior não pode ser questionado. No máximo, deve ser explicado. E só com este intuito vamos falar sobre Exu, o Guardião do Ponto de Força das Trevas.

Exu é uma das forças que atuam sobre o negativo de qualquer pessoa com o Dom Ancestral Místico de Incorporação Oracular, ou seja, os médiuns.

No Ritual Africano Antigo, Exu não é utilizado para trabalhos comuns, mas é considerado o elo do filho de fé com o seu Orixá. Ele é o mensageiro que leva nossos pedidos e, ao mesmo tempo, nos passa as ordens do Orixá.

No Ritual de Umbanda, Exu é mais uma entidade de trabalho. Isso não quer dizer que existam grandes diferenças, apenas o modo de colocar esta força em ação é diferente.

O Ritual de Umbanda é a simplificação daquilo que muitos acham tão difícil de entender. Se no Ritual Africano tudo é oculto, no Ritual de Umbanda tudo é mais aberto.

O que torna o Ritual de Umbanda tão atrativo é justamente isso: ele não se assenta sobre o oculto, mas sim tira dele sua parte ativa, simplificando-o e tornando-o popular. Caem os tabus que poderiam criar dependência devido ao medo despertado pelo oculto. Pelo contrário, é pela revelação que o Ritual se torna tão atrativo.

Não existem segredos, mas sim mistérios que se ocultam por trás de nomes simbólicos.

Mas mistério não é tabu!

Então vamos falar da entidade Exu no Ritual de Umbanda, mas não no Ritual Africano, porque senão criaremos muita confusão sem nada explicar.

Por uma lei que não pode ser questionada, porque foi criada por Deus, existe uma linha divisória separando o que é Luz do que são Trevas.

Já falamos dos pontos de força na Luz, mas também falamos a respeito do seu lado negativo. Pois é nesse lado que Exu atua. Ali é seu ponto de força na Natureza.

Um Exu de Lei, ou Exu Guardião, está ligado a um Orixá Individual.

Ele, dentro de uma linha de força, não é um ente sem responsabilidade com a Lei Maior. Muito pelo contrário, pois possui um campo de atuação bem definido.

Os guardiães dos Orixás planetários são apenas sete, um para cada linha de força. Cada um tem seus subordinados diretos que, por sua vez, comandam outros setenta e sete subchefes de falanges.

Sete são as Linhas de Força, tanto no positivo quanto no negativo; sete são os Círculos Ascendentes e sete os Descendentes; sete são os Símbolos da Luz e sete são os Símbolos das Trevas; sete são os Degraus Ascendentes e sete os Descendentes.

Mas o primeiro Ascendente é ligado ao primeiro Descendente, e assim sucessivamente.

O que muitos mostram é a subdivisão dos sete Exus originais, e nunca os próprios. Falar somente das subdivisões não esclarece muito!

Os sete Exus originais, ou do Nível 1, como já dissemos antes, não se manifestam, mas os do Nível 2 coordenam as manifestações dos setenta e sete do Nível 3 que cada um deles comanda. Esta coordenação é controlada pelos sete superiores.

Os Exus do Nível 3 têm liberdade de ação, pois os de uma linha de força, quando em ação, expandem o seu campo de atuação, entrando, às vezes, em outras linhas de força.

É nesse ponto que começa o verdadeiro movimento das entidades, com os choques de força nas Trevas e o consequente trabalho das linhas de Lei.

Isso ocorre pela ignorância e maldade que os espíritos encarnados ainda trazem consigo.

O uso da magia negativa ou dos pensamentos negativos não é exclusivo de um povo, mas está disseminado por toda a humanidade, e foi assim em todos os tempos. Não existe um povo sobre a terra que se possa dizer isento do uso da magia negativa. Todos a conheceram e a usaram.

Até aí a Lei permite, pois, se assim não fosse, não haveria a evolução dos espíritos. É com o uso constante de um instrumento que nós aprendemos como usá-lo devidamente. Se o usarmos mal ao realizarmos uma tarefa para alguém, nada receberemos em pagamento, além de perdermos tempo e passarmos a ser considerados maus profissionais. Como estamos falando em forças regidas por uma Lei Maior, é neste momento que somos convidados a servir a esta Lei.

Isso é um Exu de Lei, alguém que conhece os mistérios da magia e que já cansou de ter prejuízo com o mau uso do instrumento colocado à sua disposição. Esta é a linha que divide o Exu de Lei dos quiumbas e eguns.

O Exu de Lei tem o seu "ponto riscado" ligado a um dos Sete Maiorais; os quiumbas e eguns, não. Estes estão no "meio".

Mais dias, menos dias, serão colhidos pela Lei, e daí por diante serão doutrinados para futuro aproveitamento e para uma evolução sólida.

Os Exus que atuam através do Dom Ancestral Místico de Incorporação Oracular são aqueles que estão aprendendo a usar os instrumentos colocados à sua disposição.

Com o tempo, vão se aperfeiçoando e suas evoluções passam a ser mais rápidas. Quando descobrem o caminho menos espinhoso, usam de todas as suas forças para atingir um grau superior.

Para eles não existe a divisão entre bem e mal, só objetivos a serem atingidos. Se direcionados para o bem, fazem-no à sua maneira, e se para o mal, também.

Neste aspecto, eles se tornam controvertidos. São ligados à Lei, executores do carma, mas, ao mesmo tempo, neutros.

Se por acaso temos um problema, e em dado momento clamamos aos Orixás, ou a Deus, saibam todos que, de alguma forma, nosso clamor será ouvido. Se tivermos merecimento seremos auxiliados na superação dessa fase de nossa vida. A Luz nos envia seus servidores para nos auxiliar. Tudo feito por amor a nós.

O mesmo se dá quando, por inveja, ódio ou outro defeito do espírito humano, clamamos pelo auxílio das Trevas. Milhões de pessoas fazem isto todos os dias. Quando odeiam alguém, amaldiçoam-no e praguejam contra ele. Tudo isso são clamores às Trevas. Sem o saber, estão caminhando rumo a elas, já que aqueles que acorrem para auxiliá-los são os mensageiros das Trevas.

Mas, voltando aos Exus, como atuam num campo restrito, eles somente se movimentam se alguém for até seu ponto de forças. Sem isso, eles, os Exus verdadeiros, não atendem a ninguém. E quando já despertaram para a verdadeira sabedoria, não atendem nem ao seu médium.

Que isto fique bem claro: Exu só age se for pago simbolicamente com uma oferenda. Com isso, ele se exime de culpa pela ação negativa. Quem o pagou é que é o culpado!

Um guia de luz age onde ele acha necessário; um Exu age quando lhe pedem e pagam. Aí está sua neutralidade. Se alguém tiver um dia que pagar, que pague dando uma prova material de sua ação. Esse é o primeiro ativador da ação do Exu, Guardião do Ponto de Força das Trevas.

Quanto aos espíritos que vivem no meio, estes, sim, são o que há de pior no astral. Eles não têm uma lei definida a regê-los, e onde veem uma oportunidade começam a se impor sobre as pessoas.

Mas uma coisa deve ficar clara quanto ao modo de pensar e agir dos Exus que trabalham junto aos médiuns: eles são semelhantes a nós e tomam o nosso lado quando algo ou alguém está nos prejudicando.

Este modo de ser os coloca no mesmo grau que nós, encarnados, pois é assim que agimos. Quando um amigo leal está sendo prejudicado, tomamos sua defesa imediatamente.

Isso precisa ficar esclarecido para que possamos estabelecer uma regra ao estudarmos a entidade Exu, o Guardião do Ponto de Força das Trevas. Do contrário, nunca o entenderemos.

A Exu falta apenas o corpo carnal para que se iguale a nós. Odeia, tem ciúmes, inveja e até um pouco de amor para dar a quem ele goste, ainda que dissimule muito bem.

Isso é algo que o iguala a nós. Quando todos entenderem isso, terão respostas para muitas indagações não esclarecidas.

Mas, deixando as emoções de lado e entrando na Lei que rege os Exus, vamos encontrá-los atuando fora do Ritual de Umbanda.

Os Exus que trabalham nesses centros são aqueles que já evoluíram o suficiente para perceberem que servir à Luz pode ser trabalhoso, mas é compensador. Os maiores guardiães estão com os seus comandados em constante evolução, e este trabalho é dado apenas àqueles que já têm um esclarecimento muito grande.

Por serem antigos, conhecem todos os meios empregados pelos quiumbas na atuação sobre alguém. Sabem também como contê-los quando estes se aproximam de centros espiritualistas acompanhando alguém que esteja sob sua ação.

É um trabalho discreto. Não traz a notoriedade, como no caso dos mentores que se manifestam como doutrinadores, curadores ou desobsessores.

Mas também não é para isso que estão lá, muito pelo contrário, querem fazer sua parte de forma velada. Quanto mais discretos, melhor.

Estão ali enviados por quem tem grau e pode ajudá-los numa evolução rápida. Quem os requisita para as linfas de força são os Grandes Mestres da Linha Branca.

Quando são designados para esse trabalho, ocultam os seus símbolos e suas vestes características.

A única coisa que os identifica como Exus é o cinto negro e sua pouca luz têm uma forma plasmada bem definida, não fluida ou luminosa.

Mudam as vestes, mas os agentes são os mesmos; muda o ritual, mas a força atuante é a mesma; mudam as formas, mas os meios são os mesmos.

Se assim não fosse, estaríamos colocando em dúvida as próprias leis do Criador. E, como Ele é perfeito, dá a cada um segundo o seu grau de evolução, de entendimento e de poder de ação.

Mas, nesse caso, o poder de ação dos Exus é limitado. Não evoluem só no trabalho de desmanchar demandas ou magias negativas. Sua função é guardar os locais de trabalhos de ordem espiritual e, após o término destes, proceder à limpeza astral, levando embora os espíritos que ainda não tenham merecimento para receber o amparo da Luz.

Tudo isso é Exu, o Guardião do Ponto de Forças das Trevas.

Mas também é muito mais que isso.

São carcereiros responsáveis pela prisão de muitos dos espíritos que se rebelaram contra a Lei Maior.

Uma entidade de Luz não teria coragem de punir um espírito que só conheça a linguagem do mal, mas um Exu guardião tem sua falange para executar esse trabalho, e o faz com muita disposição.

Não vamos pedir a um médico que vá prender assassinos perigosos. Os policiais são treinados para isso. Quem pensar o contrário desconhece as leis que regem a espiritualidade. E quem não entende, que também não se envolva na discussão, porque a Lei não aceita que a discutam sem conhecimento de causa. E jogar pedra no telhado alheio não é uma boa ideia, pois o tempo nos fará consertar as telhas que quebramos.

À Lei nada escapa. Podemos condenar os excessos dos Exus, mas nunca as entidades regidas por esta lei divina, a Lei do Carma.

Existe um ponto que precisa ser esclarecido para que nada fique sem resposta quanto à entidade Exu, o Guardião do Ponto de Força das Trevas.

Assim como existem anjos atuando sobre nós, também existem demônios internais fazendo a mesma coisa. Como dissemos antes, os Exus têm um campo de ação limitado por Lei. Os demônios infernais pertencem ao oitavo e nono planos negativos, assim como os anjos pertencem ao oitavo e nono planos ascendentes. Transcendem, portanto, à atuação das sete linhas de força, que agem através da Natureza no Ritual de Umbanda, e, portanto, nada têm a ver com ela. Essas entidades infernais podem mudar o destino de um povo quando a Lei do Carma as coloca em ação.

Elas podem elevar homens ao poder governante, e depois, atuando sobre esses mesmos homens, fazer com que não olhem para o bem do seu povo, levando-o à miséria, à fome, às guerras, à quebra das leis estabelecidas e até a uma afronta às leis divinas. Tudo é possível quando essas entidades são movidas pela Lei do Carma.

Esta Lei tem um mecanismo que não é possível explicá-lo em poucas palavras. Age por Vontade Divina, e atua sobre grandes regiões trazendo a dor e a miséria aos homens, tudo dentro de um ordenamento que, quando atinge seu objetivo, faz com que cesse o seu efeito para que o pensamento passe a ser remodelado, assim como o modo de agir das pessoas, moderando suas ambições, desejos e ódios.

É uma Lei Divina e, portanto, perfeita!

Quando cessa sua ação, os anjos planetários voltam a agir em suas regiões de influência, restabelecendo o equilíbrio.

Esperamos ter deixado bem claro o que são essas entidades infernais, para que não haja confusão com a entidade Exu, o Guardião do Ponto de Força das Trevas, quando atua no Ritual de Umbanda.

A confusão surge quando as pessoas, depois de muito procurar, encontram os princípios da magia negativa pura. Esta magia é conhecida desde tempos que não são passíveis de constatação, nem pela história nem pela arqueologia. A magia existe, tanto na Luz quanto nas Trevas.

Como todo instrumento que o homem descobre, uns fazem bom uso dele, outros fazem mau uso, ficando, esta magia, também sujeita ao sabor dos desejos humanos.

A Lei Maior condena quem a usa para o mal com o confinamento no nono degrau descendente. De lá ninguém retorna. É o fim do espírito como entidade dotada de livre-arbítrio. Passam a ser demônios infernais, ou seus escravos.

Bem, voltando um pouco, temos a dizer que foi o uso da magia negativa que tirou a harmonia do nosso planeta no passado, e até hoje seu equilíbrio não foi retomado.

Esta é a parte da sentença divina que recai sobre a humanidade: aquilo que era para ser movido pela Lei Maior apenas para o aperfeiçoamento dos espíritos encarnados foi descoberto e usado por simples mortais que pensavam estar ganhando algo, tanto em poder quanto em riqueza material.

Teremos de conviver com eles até que a Lei Maior os remova da face da Terra. Até lá, seremos atormentados por esses escravos dos demônios infernais.

Aqueles que acharam que têm domínio sobre esses demônios, na verdade, ao invocá-los, estão sendo seus instrumentos. Eles não negam os seus mistérios a quem envereda por suas trilhas sombrias; têm muitos servos escravizados na carne.

Assim como a Luz tem os seus servos atuando em benefício dos semelhantes, eles têm os seus, que vão distribuindo o mal aos semelhantes.

Num tempo perdido, aqueles que cuidavam dos rituais achavam que poderiam controlar a vida e a morte, até mesmo a Natureza, se libertassem, através dos seus conhecimentos, essas entidades. Pensavam que teriam o domínio do mundo com este ato, achavam que poderiam igualar-se a Deus.

Esta é a origem do mito Lúcifer, o Anjo Caído.

Quem sabe Lúcifer não tenha sido realmente um anjo que se excedeu e levou os homens à loucura? É também a origem do mito da Fonte da Vida, a fonte da eterna juventude.

Os antigos sacerdotes pensavam que poderiam viver eternamente na carne.

Muitos outros mitos da Antiguidade, que nos chegam por meio de narrativas lendárias, têm todos eles suas origens nesse tempo perdido.

Não adianta procurar essas origens, elas não estão à disposição dos homens.

Foi por esse motivo, esse desejo dos homens em se apropriar do que não lhes pertencia, que os elementos da Natureza se revoltaram e causaram a perda do equilíbrio.

O ritual simples da Natureza se perdeu, e o caos se instalou sobre a face da Terra. Os homens não se entenderam mais daí por diante, e a cada ciclo uma grande calamidade modifica todo o planeta. É a sentença divina que pesa sobre o nosso planeta.

Quando cessará a sentença, só Deus sabe.

Pois bem, esclarecendo a confusão, podemos dizer que Exu de Lei não é demônio, é agente da Lei!

Um Exu não combate um mentor de luz. Ambos atuam sob uma mesma Lei.

Os demônios, quando colocados em ação, somente poderão ser barrados pela força dos Orixás.

As energias que eles movimentam são negativas e seus poderosos magnetismos são absorvedores de luz, tal como um "buraco negro". E isso nada tem a ver com o Exu de Lei, que não interfere nas hierarquias estabelecidas.

O mesmo não ocorre com os demônios infernais, que se comprazem em quebrar qualquer hierarquia estabelecida, infiltrando-se naqueles que, por qualquer dos defeitos da alma, se abrem à sua ação desequilibrada.

É preciso separar Exus de demônios infernais. Estes se apossam do mental, tanto de quem é médium quanto de quem não o é. A eles não importa a religião da pessoa, mas tão somente que abra uma porta para sua ação maligna, para que possam trazer a dor e a miséria.

Que fique bem claro: demônio infernal luta para apagar toda a luz da face da Terra. Já Exu, o Guardião do Ponto de Força das Trevas, é apenas o executor da Lei, e está submetido às leis da Natureza.

Exu Mirim

É um mistério regido por uma divindade cósmica dual do 4º Plano da Vida, que os transporta para a dimensão humana, onde os usa como manipuladores elementais dos seus aspectos negativos.

São instintivos e guiam-se pelos instintos, não respeitando muito as hierarquias de trabalhos espirituais, mas são presas fáceis de poderosos seres das trevas humanas, que os atraem e os usam em suas magias negras, ativadas por seus magos negros encarnados.

É um mistério cósmico poderosíssimo, se bem direcionado, e perigosíssimo, se mal utilizado.

O Mistério Pombagira

O Mistério Pombagira (fator estimulador) é regido por um Trono Cósmico Feminino (Mahor-iim-yê), Senhora Guardiã dos

Mistérios do Desejo, que polariza horizontalmente com o Trono Cósmico Guardião dos Mistérios do Vigor.

Pombagira é um elemento mágico (ativado por qualquer pessoa) e agente cármico (ativado pela Lei Maior), assentado à esquerda da religião Umbanda.

É um mistério regido por uma divindade cósmica que gera e irradia o fator "desejo" e completa o fator vigor.

Pombagira Natural não segue a mesma linha e direção evolutiva dos espíritos.

Ela desperta o desejo em todos os sentidos da vida, pois só desejando se empreende alguma coisa ou se toma alguma iniciativa.

O desejo é um fator divino fundamental em nossa vida. Nós o absorvemos por todos os chacras. Sem ele, vegetaríamos, pois seríamos apáticos em todos os sentidos da vida.

Foi fechado o campo do conhecimento sobre o mistério desejo ao plano material, devido à sua desvirtualização pela associação automática e pejorativa com o sexo, feita por religiões abstratas.

Se os mistérios desejo e vigor são usados indevidamente, perdem suas grandezas e tornam-se paixões devastadoras e vigores atormentadores para quem der mau uso a eles, pois, como mistérios, voltam-se contra os que os desvirtualizaram, subjugando e induzindo esses seres aos maiores desatinos e aberrações, até lançá-los num tormento lancinante, delirante e bestificante, cuja finalidade é levá-los à loucura em todos os sentidos e esgotá-los emocionalmente.

Muitos dos que abandonam a Umbanda e procuram o abrigo de seitas salvacionistas, chamando Exus e Pombagiras de demônios, são os que achavam que os mesmos eram seus escravos e os atenderiam inconsequentemente.

Excessos durante as manifestações, como palavras chulas, gestos obscenos e condutas contrárias aos padrões da sociedade, devem ser combatidos.

Pombagira e Exu atuam a partir do emocional do médium e, sem uma doutrinação madura, pode acontecer de médiuns extravasarem seus emocionais durante as manifestações.

Possíveis conhecimentos desvirtuadores desse Mistério, que têm sido passados de boca a boca ou por meio de livros, têm muito a ver com o próprio desequilíbrio mental e má formação moral de quem os difunde e tem pouco a ver com esse Mistério regido pela Lei Maior.

As Linhas de Ação e Reação (de Trabalho) na Umbanda

Os Guias de Lei de Umbanda

Os espíritos têm muitas vias evolutivas à disposição e seguem aquela que se mostra mais afim com suas naturezas íntimas e suas expectativas sobre seus futuros.

Entre estas vias, algumas são tão atrativas que se tornam "religiões" aqui no plano material.

A Umbanda Sagrada é uma dessas vias evolutivas, pois a quantidade de espíritos que afluem para ela é tão grande que foi preciso criar linhas ou correntes espirituais para acomodar tantos espíritos ávidos por manifestarem-se por intermédio da incorporação mediúnica.

Essas linhas cresceram tanto que formaram hierarquias, todas pontificadas por espíritos mentores de Umbanda.

Elas têm nomes simbólicos, sempre associados aos elementos da natureza, aos vegetais, aos animais, às cores, etc.

Entre tantos espíritos, destacamos os que denominamos "guias de lei" para comentarmos.

Saibam que por guia de lei entendemos os espíritos que já se assentaram à direita e à esquerda dos sagrados Orixás e os servem religiosa e magisticamente, sempre trabalhando em benefício da evolução da humanidade, tanto dos espíritos encarnados quanto dos desencarnados.

São portadores de graus e manifestadores espirituais dos dons e mistérios naturais dos sagrados Orixás.

São incansáveis, tenazes, determinados e jamais desanimam ou fraquejam nas suas fainas evolucionistas.

Manifestam poderes que escapam aos espíritos ainda em evolução e não medem esforços para auxiliá-los, onde quer que estejam.

Formam uma "elite" espiritual zelosa e obreira, não se importando com os locais onde têm de se manifestar, pois sabem que seus templos são seus médiuns e será por meio deles que realizarão boa parte de suas atribuições religiosas ou mágicas.

Os guias de lei de Umbanda têm permissão para adentrar em muitas das dimensões da vida existentes neste nosso abençoado planeta, diferenciadas entre si e isoladas uma das outras pelos graus magnéticos da escala vibratória horizontal. Esta escala que se estende desde o polo direito e positivo até o polo esquerdo e negativo da escala horizontal divina.

Eles já tiveram abertas muitas faculdades espirituais, que são aberturas de canais divinos pelos quais fluem continuamente os dons e mistérios dos sagrados Orixás.

Trabalham como agentes da Lei Maior e da Justiça Divina e atuam como transmutadores carmáticos, como refreadores das investidas de espíritos trevosos, como anuladores de magias negativas e como atratores naturais de espíritos menos evoluídos ou ainda inconscientes da grandeza da obra divina existente dentro do nosso planeta, e que não se limita só à dimensão espiritual.

Seus campos de ação e atuação são vastíssimos e estendem-se até os limites dos domínios dos seus regentes naturais, que são os Orixás intermediadores.

Muitos deles assentam-se nos domínios fechados dos Orixás e, a partir deles, atuam como instrutores humanos dos nossos irmãos naturais ainda em evolução fechada, isolados nos muitos níveis evolutivos, pois não desenvolveram campos magnéticos mentais, protetores contra os muitos tipos de energias elementares ou naturais existentes no nosso todo planetário, que é multidimensional.

Quando esses nossos irmãos naturais desenvolvem seus magnetismos mentais protetores, então eles são trazidos pelos guias de lei de Umbanda para a nossa dimensão espiritual humana, na qual poderão entrar em contato com as energias poderosas do plano material da vida.

Estes contatos energéticos são muito importantes para o "amadurecimento" mental e energético dos nossos irmãos naturais, sempre monitorados pelos nossos guias de lei de Umbanda.

Muitos são seus campos de ação e muitas são suas atribuições, recebidas dos seus regentes Orixás.

As Entidades que Atuam nas Linhas de Umbanda

As entidades que atuam na Umbanda não são apenas de uma raça ou religião. Vêm de todos os lugares da Terra e trazem consigo os seus últimos ensinamentos religiosos, porém já purificados dos tabus criados pelos encarnados.

A Umbanda é uma religião aberta a todos os espíritos, tanto encarnados quanto desencarnados. Para ela afluem milhões de espíritos de todo o planeta, oriundos das mais diversas religiões e rituais místicos, mesmo de religiões já extintas, tal como a caldeia, a sumeriana, a persa, a grega, as religiões europeias, caucasianas e asiáticas.

Eles formam o Grande Círculo Místico do Grande Oriente. São espíritos que não encarnam mais, mas que querem auxiliar os encarnados e desencarnados em sua evolução rumo ao divino.

O Ritual Africano entrou com as suas linhas de forças atuantes, e os ameríndios, tais como os índios brasileiros, os incas, os astecas e maias, os norte-americanos entraram por terem sido extintos, ou por estarem em fase de extinção e não quererem deixar perder o saber acumulado nos milênios em que viveram em contato com a Natureza.

Por isso, tanto os negros africanos como os índios já desencarnados se uniram à Linha do Oriente e fundaram o Movimento Umbandista ou Ritual de Umbanda, o culto às forças puras da Natureza como manifestação do Todo-Poderoso.

Cada um entra com o seu saber, poder e magia, mas todos seguem as mesmas ordens de trabalho. Podem sofrer pequenas variações, mas a essência permanece a mesma. A variante que se adaptar melhor irá predominar no futuro. Por enquanto, a Umbanda é um laboratório religioso para experiências espirituais.

Por ser um ritual de ação positiva sobre a humanidade, atrai milhões de espíritos sedentos de ação em benefício dos semelhantes. Milhões deles já foram doutrinados e anseiam por uma oportunidade de comunicação oracular com o nosso plano. Todos têm algo a nos ensinar e falta-lhes apenas a oportunidade.

Não se incomodam em se manifestar em templos humildes, cômodos pequenos. À beira-mar, nas matas, nas cachoeiras, ou mesmo numa reunião familiar. Estão sempre dispostos a nos ouvir e a ensinar. Sempre solícitos e pacientes, não se incomodam com a nossa ignorância a respeito dos mistérios sagrados.

Têm um saber muito grande, mas conseguem comunicar-se de uma forma simples. Têm o saber que nos falta e a paciência com os nossos erros que os encarnados não têm. São maravilhosos pela simplicidade que nos passam; substituíram os sacerdotes dos rituais da Natureza com perfeição.

Cada grupo de espíritos que acompanha um médium cuida de um grupo de pessoas, auxiliando-as na medida do possível e do permitido pela Lei. Entram em choques com as falanges das Trevas com uma coragem que nos falta; sofrem com as magias negativas dos sacerdotes das trevas com resignação e estoicismo, nunca perdem a fé em Deus, nada os amedronta no astral.

Se um grupo de espíritos está em dificuldades, outros ocorrem em seu auxílio, até que vença os choques com paciência.

Sofrem quando veem seus mediadores cometerem erros que atrasam suas evoluções. Choram com nossas provações e sorriem com nossa alegria. Festejam nossas vitórias e amargam nossas derrotas. Pulsam, como nós, por uma rápida aproximação com o Criador.

Ficam felizes quando os médiuns, chamados pela Lei, vêm ao encontro do dom de incorporação oracular, e se sentem derrotados quando alguns, por ignorância, os repelem. Vibram ao redor dos que vencem os obstáculos impostos pela Lei Imutável do Criador.

Quando damos provas de que estamos aptos a suportar as cargas de ordem espiritual, formam grande falange de trabalho ao nosso redor. Quanta grandeza na humildade dos servidores invisíveis da Luz e da Lei!

Não há distinção de raça, origem religiosa ou cor. Branco ou negro, feio ou bonito inexistem para eles. Estes são atributos materiais que não importam. O que interessa é a beleza da alma, é o valor do caráter, é o dom puro da simplicidade. Amam a todos e sabem que a carne é somente um veículo transitório para o espírito eterno. Tudo isso os torna queridos e respeitáveis.

Eles não pregam a intolerância religiosa, mas sim o amor a todos como criação do mesmo Pai. Não existem dois deuses, apenas Um, e Ele é tolerante com nossa ignorância a respeito dos Seus desígnios e mistérios.

Por tudo isso é que a Umbanda já deixou de ser uma seita e é uma religião. Porém, por ordem da Lei, ela é mantida dentro de uma linha de expansão horizontal, tudo sob a direção dos espíritos que se manifestam em seu ritual através do dom ancestral místico de incorporação oracular.

Como Surgiram as Linhas de Trabalho do Ritual de Umbanda Sagrada

As Linhas de Trabalho obedecem a irradiações divinas, mas são regidas pelos Orixás intermediadores (os que estão mais próximos de nós).

As Linhas de Trabalho são atratoras dos espíritos que buscam uma oportunidade de evolução dentro da religião.

Um guia espiritual é um manifestador de um mistério religioso.

Quando um guia se apresenta como um Caboclo de Ogum, é porque ele foi absorvido pela Lei Maior, foi incorporado à hierarquia do Orixá Ogum, desenvolveu em si uma das qualidades desse Orixá e atua regido pelo fator ordenador da criação divina.

Encontramos nos nomes simbólicos dos Guias de Lei sua qualidade e sua qualificação ou campo de atuação.

Temos Caboclos Oxalá, Oxóssi, Xangô, Ogum, Iemanjá, Iansã, etc.

O mesmo se repete com as linhas de trabalho formadas por Exus e Pombagiras.

Exemplos de nomes simbólicos:

Caboclo Sete Espadas: Caboclo de Ogum, ordenador nos sete sentidos da vida ou nos sete campos de ação de Ogum.

Caboclo Sete Flechas: Caboclo de Oxóssi, que atua nos campos de Iansã.

Caboclo Serra Negra: Caboclo de Xangô, que atua nos campos de Mãe Logunan.

Caboclo Rompe-Mato: Caboclo expansor do Conhecimento, regido essencialmente pelo Orixá Oxóssi.

Caboclo Sete Pedreiras: Caboclo de Iansã, que atua como direcionador nos sete sentidos da vida.

Exu Tranca-Ruas das Almas: Exu de Ogum, atuando sob a irradiação de Omolu e de Obaluaiê, pois só a Lei Maior tranca ou prende um espírito degenerado.

Exu Tranca-Gira das Almas: Exu de Iansã, Orixá da Lei que atua como aplicadora ativa nos campos da Justiça Divina.

Maria Molambo: Maria = Oxum; Molambo = pessoa mal vestida, de aparência deprimente e miserável. Ela é uma Pombagira de Oxum, atuando na irradiação de Omolu. Atua sobre os espíritos degradados ou que perderam seus bens divinos (amor, fé, conhecimento, etc.), visando a reagregá-los. Os abandonados na vida estão no campo da morte. Ela agrega ao seu mistério os espíritos que "conceberam" de forma errada ou que afrontaram os princípios da vida e assim perderam a noção dos seus valores maiores.

Exu Sete Porteiras: Sete = Sete Linhas de Umbanda, sete caminhos de evolução do ser humano. Porteiras = Cancela, Passagens. Exu Sete Porteiras é um ser que lida com os aspectos negativos do Orixá Obaluaiê e os aplica nos sete sentidos da vida, vitalizando ou desvitalizando os seres nos caminhos da evolução.

Exu do Lodo: Exu de Nanã Buruquê, que atua como vitalizador ou desvitalizador da evolução dos seres.

Exu Marabô (Oxóssi), Exu Lúcifer (Oxalá), Exu Tiriri (Ogum), Egu Ferrabrás (Xangô) são seres naturais que sofreram uma queda e uma regressão. Não são Exus Naturais, e sim seres naturais que se sentiram atraídos pelos aspectos negativos dos Sete Tronos de Deus e foram possuídos pelos seus mistérios negativos.

Com estes nomes simbólicos, as linhas de trabalhos vão mostrando qual Orixá as regem, a qual sentido da vida os Exus servem e quais são os aspectos negativos com os quais eles lidam.

Símbolos, cores, sentidos e nomes afins com divindades sincretizadas são usados e podem ser interpretados por analogia ou comparação.

O Mistério Caboclo

Caboclo é um grau, manifestador de um Mistério. É uma das linhas de trabalho de Umbanda.

São espíritos incorporados às hierarquias regidas pelos Orixás Intermediadores, vindos de todas as religiões e diversas formações teológicas e culturais.

Cada uma dessas religiões recebeu uma ou mais linhas de trabalhos espirituais dentro da Umbanda, cuja característica mais marcante é a incorporação de espíritos.

As religiões que vão desaparecendo da face da Terra, vão se condensando no astral e os espíritos que evoluíram nelas vão vendo seus campos de ação junto aos encarnados serem reduzidos, dificultando o trabalho de amparo aos seus afins ainda atrasados.

Quando os regentes planetários criaram a Umbanda e codificaram como "espiritualista", abriram-na para todos os espíritos que quisessem atuar por meio dela junto dos encarnados.

O que foi codificado é que as religiões antigas teriam a oportunidade de criar linhas de trabalhos espirituais e magísticos, que atuariam sob a regência dos Orixás, mas recorreriam aos seus próprios conhecimentos e aos mistérios das divindades intermediárias que os regiam.

Assim, surgiram muitas linhas de trabalhos e todas foram englobadas no grau de linhas de Caboclos, de Pretos-Velhos, de Exus e de Pombagiras.

Caboclo: ser que lida com os aspectos positivos dos Orixás.

Teoricamente, o Orixá outorga a muitos a capacidade de manifestar seu mistério. Depende de cada um a capacidade de realizar um bom trabalho e evoluir mais rápida ou mais lentamente.

O médium pode colaborar muito com a evolução de seus guias espirituais.

Os Baianos na Umbanda

Tudo nos leva a crer que estes espíritos tenham sido cultuadores dos Orixás quando viveram no plano material.

Temos espíritos "Baianos" trabalhando em todas as irradiações e uns se apresentam como "Baianos" de Oxóssi, outros de Xangô, Iansã, etc., demonstrando que atuam nas sete linhas ou estão espalhados por todas elas.

Pouco foi revelado sobre como surgem as correntes espirituais, mas resumindo temos:

Um espírito portador de um mistério vai arregimentando espíritos e vai "assentando-os" e dando-lhes a oportunidade de trabalhar sob seu comando ou liderança. Então surgem as "falanges": Caboclos Pena Branca, Arranca-Toco, Linha de Bezerra de Menezes, etc.

Com isso explicado, entendam que se um espírito missionário iniciou a corrente dos "Baianos" é porque na Terra ele havia sido um babalorixá baiano e continuou a sê-lo no plano espiritual, iniciando um dos mistérios da religião umbandista, pois só um mistério agrega sob sua égide e sua irradiação tantos espíritos, com muitos deles só plasmando uma vestimenta baiana e adotando um modo de comunicação peculiar e bem caracterizadora da linha a que pertence.

São espíritos alegres, brincalhões, descontraídos e "chegados" a trabalhos de "desmanche", de quimbanda e de magia, a que parecem dominar com facilidade e aos quais estão familiarizados.

Suas oferendas devem ser feitas próximo a pés de coqueiros ou nos pontos de força dos Orixás que os regem.

É uma linha de trânsito evolutivo para "eguns" que já serviram aos Orixás quando viveram no plano material.

A Linha dos Ciganos na Umbanda

É uma linha muito antiga dentro da Umbanda, mas pouco estudada e divulgada.

E uma linha especial, pois tem seus rituais e fundamentos adaptados à Umbanda, já que eles remontam a um passado multimilenar e estão ligados ao próprio povo cigano, cuja origem parece ser do antigo Egito, da Europa Central ou da Índia.

Seus trabalhos estão voltados para as necessidades mais terrenas dos consulentes.

É uma linha espiritual em expansão e temos até linhas de esquerda "ciganos", como o Senhor Exu Cigano e a Senhora Pombagira Cigana.

Trabalham na irradiação dos Orixás, mas louvam Santa Sarah Kali-yê, padroeira desse povo.

Ainda que não esteja muito bem definida em qual das sete irradiações atuam, nós os classificamos, por enquanto, como do "Tempo" e os associamos às linhas espirituais regidas pelos Orixás temporais, tais como: Logunan, Iansã e Oxalá.

Erês ou Ibejis

Não há muito a ser dito sobre a Linha das Crianças, porque é uma linha fechada em seus mistérios.

Assim como Oxóssi fornece Caboclos para desenvolver os trabalhos nas linhas de força ativa, Oxalá, Iemanjá, Oxum, etc., fornecem espíritos na forma de Crianças para atuar nas linhas de força dos elementos.

Estas "Crianças" possuem as características do elemento em que atuam.

Se trabalham sob a influência do Ar, são alegres e expansivas; se são da linha do elemento Fogo, são irritáveis facilmente; se são da Terra, são caladas; se são da linha de Iemanjá ou Oxum, são carinhosas, melodiosas no falar.

Um elemental é puro, e não comporta os defeitos típicos dos humanos. Mas isso não quer dizer que não possua uma força ativa que possa ser colocada a serviço da humanidade.

Muitas entidades, que atuam sob as vestes de um espírito infantil, são muito antigas e têm mais poder do que imaginamos em uma "Criança". Mas, como não são levadas muito a sério, o seu poder de ação fica oculto.

O que importa é que saibam que o Orixá das "Crianças", ou Erês, é um Guardião de um Ponto de Força do Reino Elementar, e atua sobre toda a humanidade, sem distinção de credos religiosos. Que o digam os anjinhos pintados pelos mestres pintores que têm a sensibilidade de captar suas formas puras. São conselheiros e curadores.

Aí está a sua essência! Como guardiães dos pontos de força do reino elementar, trabalham com irradiações muito fortes e puras na sua origem. Por isso mesmo, têm grande facilidade em curar muitas doenças, desde que estas possam ser tratadas com o seu elemento ativo.

Por isso, foram identificados como Cosme e Damião, santos cristãos curadores que trabalhavam com a magia dos elementos, e como Ibeji, gêmeos encantados do Ritual Africano Antigo.

Não gostam de desmanchar demandas nem de fazer desobsessões. Preferem as consultas, e em seu decorrer vão trabalhando com seu elemento de ação sobre o consulente, modificando e equilibrando sua vibração, regenerando os pontos de entrada de energia do corpo humano. Por isso, são considerados curadores.

Os nomes que os espíritos que atuam no reino elementar puro usam podem identificá-los e ao elemento que utilizam, mas não vamos revelá-los. Se o que escrevemos servir para despertá-los para a verdade, sugerimos que se esforcem e pesquisem um pouco, e descobrirão como é bela e pura a Natureza.

Na Umbanda, a "corrente" das Crianças é formada por seres "encantados" masculinos e femininos.

Estes seres encantados são nossos irmãos mais novos e, mesmo sendo puros, não são tolos, pois identificam muito rapidamente nossos erros e falhas humanas. E não se calam quando em consulta, pois nos alertam sobre eles.

Logo, têm noção do certo e do errado.

Eles manipulam as energias elementais e são portadores naturais de poderes só encontrados nos próprios Orixás que os regem.

Na Umbanda, o "mistério Criança" é regido pelo Orixá Oxumaré, que é o Orixá da renovação da vida nas dimensões naturais.

A Linha Espiritual dos Caboclos Boiadeiros

Para algumas correntes de pensamento umbandista, esses espíritos já foram Exus e, numa transição dos seus graus evolutivos, hoje se manifestam como Caboclos Boiadeiros.

Essa é a interpretação mais aceitável, mas muitos desses Caboclos Boiadeiros nunca foram Exus e sim atuam nas linhas cósmicas dos sagrados Orixás e são regidos por Ogum e por Logunan e seus campos de ação são os caminhos (Ogum) e o tempo ou as campinas (Logunan).

São espíritos hiperativos que atuam como refreadores do baixo astral e são aguerridos, demandadores e rigorosos quando tratam com espíritos trevosos.

O símbolo dos Boiadeiros é o laço e o chicote, que são suas armas espirituais e são verdadeiros mistérios, tal como são as espadas, as flechas e outras "armas" usadas pelos espíritos que atuam como refreadores das investidas das hostes sombrias formadas por espíritos do baixo astral.

Eles atuam nas sete linhas de Umbanda.

São descritos como Caboclos da Lei que atuam no Tempo ou Caboclos do Tempo que atuam na irradiação da Lei.

A Linha das Sereias

As "Sereias" são seres que nunca encarnaram. São seres naturais.

São regidas por Iemanjá, Oxum e Nanã.

As Sereias "verdadeiras" são seres naturais regidas por Iemanjá.

As Ondinas, ou antigas Sereias, são mais velhas e são regidas por Nanã Buruquê.

As encantadas elementais aquáticas são regidas por Oxum.

Todas incorporam nos cantos de Iemanjá, mas pode-se entoar cantos de Oxum e Nanã durante suas manifestações, que elas respondem, dançando suas danças rituais, mais rápidas nos cantos de Oxum e mais lentas nos cantos de Nanã.

Elas têm um poder de limpeza, purificação e descarga de energias negativas superior a qualquer outra das linhas de trabalhos de Umbanda Sagrada.

Elas não falam, só emitem um canto, que na verdade é a sonorização de um poderoso "mantra aquático", diluidor de energias, vibrações e formas de pensamento que se acumulam dentro dos centros ou nos campos vibratórios dos médiuns e dos assistentes.

É uma linha poderosa, mas pouco solicitada para trabalhos junto à natureza.

São ótimas para anular magias negativas, afastar obsessores e espíritos desequilibrados ou vingativos.

Também são poderosas se solicitadas para limpeza de lares e para harmonização de casais ou famílias.

Para oferendar as Sereias, deve-se levar ao mar, aos lagos ou às cachoeiras: rosas brancas, velas brancas, azuis, amarelas e lilases, champanha, frutas em calda e licores.

É um mistério que precisa ser mais bem estudado, usado e compreendido pelos umbandistas.

A Linha dos Marinheiros

São espíritos alegres e cordiais que gostam de irritar os marujos nos tombadilhos dos navios em dias de tempestade.

Na verdade, são seus magnetismos aquáticos que lhes dão a impressão de que o solo está se movendo sob seus pés. Este fato os obriga a se locomoverem para a frente e para trás, tal como fazem as Sereias quando incorporam em suas médiuns.

Os Marinheiros são realmente espíritos de antigos piratas, marujos, guardas-marinhos, pescadores e capitães-do-mar.

São regidos por Iemanjá e Oxalá, mas atuam também sob a irradiação de Iansã, Oxum, Obaluaiê, etc.

Trabalham dando a impressão de que estão "bêbados" e gostam de tomar rum enquanto dão consultas. Mas devemos doutriná-los e servir-lhes só o mínimo necessário para regularem seus magnetismos e permanecerem "equilibrados" enquanto atendem às pessoas.

São ótimos para casos de doenças, para cortar demandas e para descarregar os locais de trabalhos espirituais.

A Linha dos Pretos-Velhos

Assim como Caboclo, Preto-Velho, no Ritual de Umbanda Sagrada, é um grau manifestador de um Mistério Divino.

Nem todo Preto-Velho é preto ou velho. São espíritos elevadíssimos que se manifestam sob a aparência de negros escravos, trazendo-nos o exemplo da humildade e simplicidade da alma.

Seu campo de atuação é vastíssimo e os encontramos atuando nas Sete Linhas de Umbanda, trabalhando a Evolução nos sete sentidos da vida dos seres.

Sua manifestação desperta a paz, a tranquilidade, a esperança e a perseverança, remetendo-nos à reflexão de nossa própria natureza íntima.

Com sua sabedoria e paciência, traz sempre uma palavra de fé e de consolo.

MADRAS Editora

Para mais informações sobre a Madras Editora,
sua história no mercado editorial
e seu catálogo de títulos publicados:

Entre e cadastre-se no site:

www.madras.com.br

Para mensagens, parcerias, sugestões e dúvidas, mande-nos um e-mail:

marketing@madras.com.br

SAIBA MAIS

Saiba mais sobre nossos lançamentos,
autores e eventos seguindo-nos no facebook e twitter:

@madrased

/madraseditora